Ullstein

ÜBER DAS BUCH:

Wenn ein Mensch, den man geliebt hat, stirbt, ist es ein natürliches Bedürfnis zu erfahren, was mit ihm weiterhin passiert. Hat er aufgehört zu existieren, oder gibt es ein Leben nach dem Tod in einer anderen Welt?
Wie ist diese Welt beschaffen? Ist es möglich, mit dem Verstorbenen weiterhin in Verbindung zu bleiben?
In diesem Buch wird von Erfahrungen mit der jenseitigen Welt berichtet, wie sie »normalen« Menschen in Träumen, Visionen, Stimmen und vielen anderen Formen begegnet sind. Es erläutert Grenzerlebnisse wie Astralreisen und Nahtoderfahrungen und zeigt Ihnen in 11 Lektionen, wie Sie Ihre eigenen medialen Fähigkeiten entwickeln können, um zu erfahren, wie diese geheimnisvolle jenseitige Welt beschaffen ist.

DIE AUTORIN:

Linda Williamson arbeitet seit über 20 Jahren als Medium. Dieses Buch basiert auf ihren eigenen Erfahrungen und bietet Inspiration und Anregung, die eigenen medialen Kräfte zu entfalten, um Trost bei Verlusten zu erfahren.

Linda Williamson

# Kontakte mit der geistigen Welt

## Durch mediale Kräfte in Verbindung mit geliebten Menschen bleiben

Aus dem Englischen von
Marita Böhm

Ullstein

Ullstein Buchverlage GmbH & Co KG,
Berlin
Taschenbuchnummer: 35736
Titel der Originalausgabe:
Contacting the spirit world. How to develop your psychic abilities and stay in touch with loved ones
Aus dem Englischen von Marita Böhm

Deutsche Erstausgabe
März 1998

Umschlagentwurf:
Vera Bauer
Unter Verwendung einer Abbildung von
RESO / Superbild

Published by arrangement with
Judy Piatkus (Publishers) Ltd
5 Windmill Street, London W 1 P 1 HF

Printed in Germany 1998
Gesamtherstellung:
Clausen & Bosse, Leck
ISBN 3 548 35736 9

Die Deutsche Bibliothek – CIP-Einheitsaufnahme

**Williamson, Linda:**
Kontakte mit der geistigen Welt: durch die mediale Kräfte in Verbindung mit geliebten Menschen bleiben / Linda Williamson. [Aus dem Engl. von Marita Böhm]. – Dt. Erstausg. – Berlin: Ullstein, 1998
(Ullstein-Buch; 35736)
Einheitssacht.: Contacting the spirit world <dt.>
ISBN 3-548-35736-9

# Inhalt

# Einführung

Es ist schon merkwürdig mit dem Tod. Einerseits wissen wir, daß wir ihm eines Tages begegnen müssen, aber andererseits tun wir so, als gäbe es ihn überhaupt nicht. Wir schieben ihn in den entferntesten Winkel unseres Bewußtseins und meinen, daß so etwas nur anderen Menschen passiert, die beispielsweise einer ernsten Krankheit zum Opfer fallen oder in einen Autounfall verwickelt werden. Aber im Leben eines jeden von uns kommt der Augenblick, in dem wir nicht länger vor ihm davonlaufen können, in dem wir mit dem Tod eines Menschen, den wir lieben, konfrontiert werden. In solchen Zeiten fragt sich selbst der verstockteste Skeptiker, ob der Tod wirklich das Ende ist oder ob jenseits von ihm noch etwas existiert.

In der Regel bleibt die Frage unbeantwortet. Natürlich wird eine Zeitlang getrauert, aber allmählich läßt der Schmerz nach. Vielleicht bleibt eine Leere zurück, die nie mehr gefüllt werden kann, aber nach und nach normalisieren sich die Dinge wieder, und das Leben geht weiter. Doch manche Menschen sind nicht willens, es dabei zu belassen. Sie haben das starke Bedürfnis herauszufinden, was mit dem Verstorbenen geschehen ist. Hat er aufgehört zu existieren, einem Licht gleich, das erloschen ist, oder lebt er in einer anderen Welt weiter? Wenn dem so ist, was ist das für eine Welt? Ist es möglich, mit ihm in Verbindung zu treten? Oft hat man das Gefühl, der Verstorbene würde noch immer in der Nähe weilen, aber dann schleichen sich Zweifel ein. Ist er wirklich da, oder hat man sich das alles nur eingebildet?

Ich habe mir selbst diese Fragen gestellt, als mein Vater starb. Zu der Zeit war ich Anfang Zwanzig. Er hatte einige Monate lang an Krebs gelitten, und ich war froh, daß er nun keine Schmerzen mehr erleiden mußte, aber wir hatten uns sehr nahe gestanden, und ich vermißte ihn schrecklich. Ich kann mich noch gut an seine Beerdigung erinnern. Es war ein kalter, trüber Tag gewesen. Der kleine Kreis der Trauernden war um das Grab herum versammelt, und alle zitterten. Als der Sarg feierlich in die Erde gesenkt wurde, gab der Priester die bekannten Worte »Asche zu Asche, Staub zu Staub« mit ebensoviel Gefühlsregung von sich, als hätte er die Fußballergebnisse vorgelesen. Indes war es mir wirklich eine Quelle des Trostes, daß die übrigen Familienmitglieder nicht teilnehmen konnten. Seit meiner frühen Kindheit glaubte ich instinktiv an ein Leben nach dem Tod. Es war etwas, was ich zu wissen schien, ohne je unterwiesen worden zu sein. Ich war mir stets geistiger Präsenzen um mich herum bewußt gewesen. Zuweilen war es beunruhigend, aber nun war es ein Segen, denn ich spürte, daß mein Vater in meiner Nähe war. Als praktisch veranlagter Mensch konnte ich mir vorstellen, daß er wohl dachte, was das doch alles für ein Unsinn sei. Wir hatten nicht ihn begraben, sondern nur den abgenutzten Körper. Warum hörten wir also nicht auf, uns elend zu fühlen, gingen nach Hause und tranken eine Tasse Tee? Ich ging danach nie mehr auf den Friedhof. Für mich bestand keine Notwendigkeit dazu, denn dort war mein Vater nicht. Ich spürte ihn oft bei mir zu Hause. Ich erinnere mich daran, daß ich einmal an der Spüle stand und das Geschirr abwusch, eine Arbeit, die er immer gehaßt hatte, als ich seine Stimme im Geiste hörte, die mit seinem üblichen Humor sagte: »Zum Glück muß ich nicht mehr Geschirr spülen!«

Ich versuchte meiner Familie zu erklären, daß er da war, aber meine Worte stießen auf Unglauben. »Das bildest du dir nur ein«, entgegnete man mir. Das glaubte ich zwar nicht, aber ich wollte sichergehen. Ich interessierte mich bereits für Spiritismus, aber ich beschloß nun, mich intensiver mit diesem Gebiet zu beschäftigen und alles darüber zu erfahren. Das führte mich schließlich dazu, ein Medium zu werden.

Bei meiner jetzigen Arbeit begegne ich vielen Menschen, die einen ähnlichen Verlust erlitten haben. Die meisten von ihnen waren noch nie zuvor bei einem Medium. Sie kommen aus Verzweiflung und wissen nicht genau, was sie erwarten sollen, aber sie suchen so etwas wie eine Bestätigung, daß der Tod nicht das Ende ist. Diese Bestätigung versuche ich, wie alle anderen Medien auch, ihnen zu verschaffen, indem ich mein Bewußtsein auf die geistigen Wesen einstimme und ihre Liebe und ihre Botschaften, welche auch immer sie übermitteln wollen, so gut wie möglich weitergebe.

Diese Botschaften mögen an sich banal sein, aber oft sind sie genau das, was die Person, die das Medium konsultiert, der sogenannte Konsultant, braucht. Diejenigen, die aus der Geisterwelt zurückkommen, predigen nicht über die Mysterien von Leben und Tod. Sie sprechen über einfache, alltägliche Dinge, genauso, wie sie es auf Erden getan haben. Schließlich sind es noch immer dieselben Menschen, die sie auch hier waren. Ihnen sind nicht plötzlich Flügel gewachsen, und sie haben auch keinen Heiligenschein!

Aber eine Sitzung, selbst eine gute, bei der das Medium Informationen zur Sprache bringt, die es unmöglich vorher gewußt haben kann, reicht manchmal nicht aus, um zu überzeugen. »Ich möchte es so gern glauben«, sagte mir einmal eine in Tränen aufgelöste Frau, die ihren Mann verloren hatte, kurz bevor sie mich aufsuchte, »aber ich weiß es einfach nicht sicher.«

Ich gab ihr die Antwort, die ich jedem in solch einem Dilemma gebe: »Ich kann Ihnen nicht überzeugend beweisen, daß das Leben nach dem Tod weitergeht. Ich kann Ihnen nur vorbringen, was auch immer ich zu empfangen vermag. Es liegt an Ihnen, es selbst zu beweisen.«

»Aber wie kann ich das tun?« wollte sie wissen. Ich sagte ihr, sie solle auch noch andere Medien aufsuchen und sorgsam alles abwägen, was sie von ihnen empfange. Oft entwickelt sich Überzeugung erst allmählich über mehrere Sitzungen, indem das, was ein Medium übermittelt, von einem anderen bestätigt wird. Ich riet ihr ferner, Bücher über das Leben nach dem Tod zu lesen. Es ist hilfreich, von den Erfahrungen anderer Menschen zu hören und einfach zu erkennen, wie viele Tatsachen für das Überleben sprechen, trotz der bestehenden Zweifel – vornehmlich bei den Leuten, die sich noch nie mit dem Thema beschäftigt haben!

Dann gab ich ihr noch einen Rat, der am Ende wahrscheinlich der wichtigste war. »Wenn Sie wirklich sicher sein wollen, daß der Mensch, den Sie lieben, den Tod überlebt hat und weiterlebt, dann sollten Sie lernen, selbst Kontakt zur geistigen Welt herzustellen.«

Diesen Rat erteile ich jedem, der einen schmerzlichen Verlust erlitten hat. Natürlich wird nicht jeder ein richtiges Medium, und nicht jeder möchte eines werden. Aber wir alle können ein gewisses Maß an Sensitivität in bezug auf die spirituelle Dimension entwickeln. Sobald Sie selbst einmal diesen Kontakt hergestellt haben, werden Sie erkennen, daß die von Ihnen geliebten Menschen in geistiger Form um Sie herum sind, auch wenn Sie sie nicht wirklich sehen oder hören können, und diese innere Überzeugung ist mehr wert als jeder Beweis, den ein Medium erbringen kann.

Nicht alle Konsultanten, die mich aufsuchen, haben einen schmerzlichen Verlust erlitten. Im Laufe der letzten Jahre habe ich festgestellt, daß eine wachsende Zahl von Menschen, besonders jungen Leuten, kommt, die bereits spüren, daß sie in Verbindung mit der geistigen Welt stehen. Diese Bewußtheit ist etwas Natürliches und Instinktives. Sie brauchen keinen Beweis dafür, daß es ein Leben nach dem Tod gibt, sondern akzeptieren das als feststehende Tatsache. Wonach sie suchen, ist Hilfe, um ihre Fähigkeiten zu entwickeln, damit sie in einer positiven Weise eingesetzt werden können.

Dieses Buch wurde also im Hinblick auf all diese Menschen geschrieben: diejenigen, die ein Medium werden möchten, diejenigen, die einen schmerzlichen Verlust erlitten haben, und diejenigen, die einfach mehr über die geheimnisvolle Welt jenseits des Grabes wissen möchten. Ich habe das Buch in zwei Teile gegliedert. Teil I beschäftigt sich mit Kontakten zu den Verstorbenen, die spontan durch Träume, Visionen, das Hören von Stimmen und diverse andere Möglichkeiten entstehen. In ihm werden die Geschichten von gewöhnlichen Menschen erzählt, die – vielleicht wie Sie – nie auf die Idee kamen, daß sie sensitiv sind und in vielen Fällen nicht im geringsten an ein Leben nach dem Tod glaubten, aber aufgrund dessen, was ihnen widerfuhr, gezwungen waren, sich eines anderen zu besinnen. Denn tatsächlich sind es oft die Toten, die Kontakt zu uns herstellen.

In Teil II erkläre ich, wie Sie die Entwicklung Ihrer medialen Fähigkeiten in Angriff nehmen können. Ich kann natürlich nicht versprechen, daß es für Sie ein voller Erfolg sein wird. Ein Medium zu werden ist nämlich nicht das gleiche wie radfahren zu lernen. Man kann dazu unmöglich Anweisungen in zehn einfachen Lektionen erteilen. Wie weit Sie kommen werden, hängt von Ihrer angeborenen Fähigkeit ab und von Ihrer Entschlossenheit, daran zu arbeiten. Aber ich kann Sie zumindest in die richtige Richtung weisen, und sobald Sie anfangen, werden Sie überrascht darüber sein, was Sie zustande bringen können.

Doch bevor wir beginnen und im Interesse all jener, die mit dem Thema nicht vertraut sind, könnte es nicht schaden, etwas mehr davon zu verstehen, was passiert, wenn wir sterben, und aus welcher Art von Welt die von uns geliebten Menschen kommunizieren. Vergessen Sie alles, was Sie je über Engel und Harfen gehört haben, und vergessen Sie die Vorstellung von einem Himmel irgendwo weit entfernt in den Wolken. Es ist bei weitem interessanter als das – und sehr viel näher, als Sie vielleicht denken!

# Teil I
# Spontaner Kontakt mit der geistigen Welt

# 1. Der dünne Schleier

»Woher sollen wir wissen, wie das Jenseits ist?« Dies ist eine Frage, die Menschen oft stellen. »Es ist doch noch nie jemand zurückgekommen, um es uns zu berichten.«

Aber in diesem Punkt irren sie sich. Es bestand schon immer Kontakt zwischen dieser Welt und dem Jenseits. Seit den Anfängen der Geschichtsschreibung gibt es Berichte über Geister, Erscheinungen und geistige Heimsuchungen sowohl engelhafter als auch dämonischer Natur. Die Bibel ist voll von Geschichten über das Übernatürliche – Engel, die Menschen erschienen sind, und Propheten, die in Trance sprachen. Jesus erschien seinen Jüngern nach seinem Tod. Die berühmte Hexe von Endor war in Wirklichkeit ein Medium, von dem Saul Gebrauch machte, um den Propheten Samuel anzurufen. Denn auch Medien haben schon immer existiert, auch wenn sie, ähnlich wie Hexen, als seltsame Geschöpfe angesehen wurden, mit denen man sich besser nicht einließ – eine Haltung, die, wenn man es sich recht überlegt, auch in der heutigen Zeit keineswegs ungewöhnlich ist!

Da die spiritistische Bewegung vor über hundert Jahren ins Leben gerufen wurde, sind uns unzählige Beschreibungen der geistigen Welt durch viele verschiedene Medien zugekommen. Vergleicht man diese Beschreibungen miteinander, stellt man fest, daß sie ein bemerkenswert übereinstimmendes Bild darstellen. Aber das ist nicht alles, worauf wir uns stützen können. Wir können noch aus einer anderen Informationsquelle schöpfen, nämlich der Nahtoderfahrung (NTE), den Berichten von Menschen, die klinisch tot waren und von Ärzten ins Leben zurückgeholt wurden.

## Die Nahtoderfahrung

Heutzutage hat bestimmt jeder schon einmal von der Nahtoderfahrung gehört. Die öffentliche Meinung war im Jahre 1970 gefesselt von diesem Thema, als der amerikanische Psychiater Dr. Raymond Moody sein Buch *Leben nach dem Tod* veröffentlichte, in dem er Fälle von Menschen beschrieb, die klinisch tot waren und mit erstaunlichen Geschichten über ihre kurzen Einblicke in das Jenseits ins Leben zurückgekehrt waren. Seitdem sind viele Forscher in seine Fußstapfen getreten. Zusammen haben sie Tausende von derartigen Fällen gesammelt – und die Berichte, die sie zusammengetragen haben, verändern grundlegend die Art und Weise, wie Menschen über den Tod und das Sterben denken.

Der wichtigste Punkt, den alle Personen, die eine Nahtoderfahrung gemacht haben, anführen, ist der, daß wir vor dem Sterben keine Angst zu haben brauchen. Der tatsächliche Augenblick des Todes ist, wie sehr wir ihn auch fürchten, angenehm und schmerzlos. Man schwebt einfach aus seinem physischen Körper heraus. Menschen mit einer Nahtoderfahrung sprechen vom Tod als einer Befreiung. Dr. Moody zitiert in seinem Buch die Worte einer Frau, die nach einem Herzanfall wiederbelebt wurde.

> Auf einmal erfüllten mich die denkbar wohltuendsten Gefühle. Nichts auf der Welt existierte mehr, es gab nur noch Frieden, Wohlbehagen, Harmonie – vollkommene Ruhe. Alles, was mich je bedrückt hatte, schien von mir genommen zu sein, und ich dachte bei mir: ›Oh, wie still und friedlich. Ich habe ja überhaupt keine Schmerzen mehr.‹[1]

Bei einer typischen Nahtoderfahrung – obwohl diese Erfahrung von einem Individuum zum anderen variiert – folgt auf die Freilassung aus dem Körper die Empfindung, sich mit enormer Ge-

1 Raymond A. Moody, *Leben nach dem Tod* (Reinbek bei Hamburg: Rowohlt Taschenbuch Verlag, 1997), S. 35.

schwindigkeit durch einen langen, dunklen Tunnel zu bewegen. Danach findet sich die Person irgendwo nahe der Decke schwebend wieder, blickt auf ihren eigenen Körper herab und beobachtet, falls der Tod im Krankenhaus eintritt, die Bemühungen der Ärzte und Krankenschwestern, sie wiederzubeleben. Verständlicherweise ist das eine ziemliche Überraschung. Manche werden in einen Schockzustand versetzt und können nicht verstehen, was mit ihnen geschehen ist. Sie versuchen, die Aufmerksamkeit der Leute im Zimmer auf sich zu lenken, und können es nicht fassen, daß niemand sie sehen kann. Andere wiederum sind keineswegs verwirrt. Für sie ist es eine glückselige Erfahrung. Sie sind völlig zufrieden und ruhig und beobachten die Szene, die sich abspielt, mit einer Distanz, als habe der physische Körper überhaupt keine Bedeutung mehr für sie.

Aber wie auch immer sie auf diesen plötzlichen Übergang reagieren: Ihnen allen ist klar, daß sie äußerst lebendig sind. Sie haben noch immer einen Körper, der aussieht wie der Körper, den sie gerade verlassen haben, auch wenn er sich aus einer feineren Substanz zusammenzusetzen scheint. Er ist schwerelos und kann sich ohne Anstrengung durch den Raum bewegen und sogar gespenstergleich durch Türen und Wände gehen. Dieser neue Körper leidet nicht unter den Schmerzen oder Gebrechen des physischen Körpers. Eine Frau, die blind gewesen war, stellte zu ihrer Freude fest, daß sie sehen konnte.

Inmitten all dieser seltsamen und verwirrenden Ereignisse ist es beruhigend zu wissen, daß alle Menschen mit einer Nahtoderfahrung davon berichten, daß sie empfangen wurden und daß ihnen geholfen wurde. In der Regel ist es ein naher Verwandter, der sie begrüßt, jemand, mit dem sie eine große Zuneigung verbindet. In manchen Fällen kann es ein »Schutzengel« sein, ein Geistwesen, das eingesetzt wurde, um über sie zu wachen. Manchmal sagt ihnen dieses Wesen, daß sie in ihre Körper zurückkehren müßten, da es für sie noch nicht an der Zeit sei zu sterben, woraufhin sie das Bewußtsein wiedererlangen. Aber einige wenige werden für eine kurze Zeit über die Grenze des Todes gebracht.

Sie werden in eine Welt von großer Schönheit geführt, die der

Erde ähnelt, aber in einer idealisierten Form. Zahlreiche Berichte sprechen von schönen Landschaften, Bäumen, Vögeln, Blumen und prachtvollen Gebäuden. Das Licht blendet, ist aber für die Augen nicht schmerzhaft. Oft werden diese Menschen von einem Lichtwesen empfangen, das einige als Jesus bezeichnen. Verstorbene Freunde und Verwandte warten auf sie. Überall herrschen Frieden und Harmonie.

Einen der umfassendsten Berichte über die Nahtoderfahrung gibt Betty Eadie in ihrem Buch *Licht am Ende des Lebens*. Betty ist eine amerikanische Hausfrau, die nach einer Operation starb. Es dauerte einige Stunden, bis die Ärzte sie wiederbeleben konnten, aber als sie das Bewußtsein wiedererlangte, behielt sie eine tiefgründige und bewegende Erfahrung in Erinnerung, in deren Verlauf sie von Geisthelfern in einen Garten gebracht wurde:

> Als wir nach draußen in den Garten traten, tat sich mir in der Ferne ein spektakulärer Blick auf Berge, Täler und Flüsse auf. Meine Begleiterinnen verließen mich, und ich durfte meinen Weg allein fortsetzen; vielleicht sollte ich die ganze Schönheit des Gartens unbelastet von der Gegenwart anderer erfahren. Der Garten war voll von Bäumen, Blumen und Pflanzen, deren Ort und Lage irgendwie unvermeidlich erschien – es war, als *müßten* sie genau da sein, wo sie sich befanden. Eine Weile schlenderte ich durch das Gras. Es war frisch, kühl, leuchtend grün und fühlte sich unter meinen Füßen lebendig an. Doch was mich in diesem Garten am meisten beeindruckte, war die Intensität der Farben. Etwas Vergleichbares gibt es hier auf Erden nicht.[1]

Geistkommunikatoren beschreiben ihre Welt mit ähnlichen Worten. In der Tat ist es verblüffend, daß Menschen mit einer Nahtoderfahrung, von denen viele zuvor nicht an ein Leben nach dem Tod geglaubt und wahrscheinlich niemals ein Buch

1 Betty J. Eadie, *Licht am Ende des Lebens. Bericht einer außergewöhnlichen Nah-Todeserfahrung* (München: Knaur Verlag, 1974), S. 94.

über dieses Gebiet gelesen haben, so präzise wiederholen, was uns von der anderen Seite des Lebens erzählt wird.

Eigentlich ist es nicht erstaunlich, daß jene, die die Ehre haben, diese flüchtigen, verlockenden Einblicke in das Jenseits zu erhalten, nicht mehr auf die Erde zurückkommen wollen. Sie alle berichten von ihrer Abneigung zurückzukehren und von dem unangenehmen Schock, in ihrem Körper aufzuwachen. Aber durch ihre Erfahrung kommen sie verändert zurück. Sie haben ihre Angst vor dem Tod verloren, und ihre ganze Lebenseinstellung hat sich geändert. Sie interessieren sich weniger für Geld und weltlichen Erfolg und zeigen ein höheres Maß an Mitgefühl für andere und Zielbewußtsein im Leben. Obgleich sie nicht unbedingt religiös im herkömmlichen Sinn werden, entwickeln sie oft eine tiefe Spiritualität, selbst wenn sie vorher Atheisten waren.

In einigen Fällen sind sie sensitiv geworden und legen mediale Fähigkeiten an den Tag. Dr. Melvin Morse, ein amerikanischer Kinderarzt, der seit vielen Jahren die Nahtoderfahrung erforscht, hat festgestellt, daß die Wahrscheinlichkeit, paranormale Erfahrungen zu machen, bei Personen mit einer Nahtoderfahrung viermal höher ist als bei anderen ohne eine solche Erfahrung. Er fand heraus, daß einige von ihnen den Kontakt mit ihren »Schutzengeln« oder den Geistwesen, denen sie begegnet waren, beibehielten, lange nachdem sie ins Leben zurückgekehrt waren, und sich in Zeiten der Not an sie wenden konnten. Seiner Meinung nach sind diese Dinge möglich, weil durch die Nahtoderfahrung derjenige Bereich des Gehirns aktiviert wird, der für paranormale Fähigkeiten verantwortlich ist.

## Beweis für ein Leben nach dem Tod?

Aber beweist die Nahtoderfahrung wirklich, daß es ein Leben nach dem Tod gibt? Viele Menschen glauben das. Einige Wissenschaftler haben versucht, sie als eine Halluzination abzutun. Sie behaupten, daß der Sauerstoffgehalt im sterbenden Gehirn vermindert ist, was zu einer Form von Delirium führt, der sogenannten Hypoxie, bei der lebhafte Halluzinationen auftreten können. Nahtoderfahrungen wurden ferner mit einem Zustand in Verbindung gebracht, der als Autoskopie bekannt ist, in dem Patienten, gewöhnlich solche, die an Migräne, Epilepsie oder extremem Streß leiden, ein projiziertes Bild von sich selbst sehen, so wie Menschen mit einer Nahtoderfahrung berichten, daß sie aus einiger Entfernung auf ihren eigenen Körper geblickt hätten.

Mit diesen Erklärungen können jedoch einige sehr wichtige Tatsachen nicht begründet werden. Die Nahtoderfahrung gleicht keiner wissenschaftlich bekannten Halluzination, ob sie nun durch Drogen, Narkotika oder andere Ursachen herbeigeführt wurde. Die Erfahrung ist logisch und stimmig und lebhafter als irgendein Traum. Es besteht eine bemerkenswerte Übereinstimmung in den Berichten über Nahtoderfahrungen, die sich quer durch ein breites Spektrum von Menschen aller Schichten und Nationalitäten ziehen. Es ist wohl eher unwahrscheinlich, daß sie alle der gleichen Täuschung unterliegen. Auch kann die Wissenschaft nicht die geistige und spirituelle Wandlung erklären, die Menschen mit einer Nahtoderfahrung erleben. Weit davon entfernt, Opfer einer vorübergehenden Gehirnstörung zu sein, kehren sie mit einer grundlegend veränderten Lebenseinstellung in ihre Körper zurück, jenen Menschen gleich, die eine tiefe religiöse Erfahrung durchgemacht haben.

Nahtoderfahrungen sind nicht auf jene beschränkt, die ein Leben nach dem Tod erwarten. Atheisten machen sie ebenso wie Gläubige. Tatsächlich haben einige religiöse Gläubige ihre Überraschung darüber zum Ausdruck gebracht, daß das, was ihnen widerfahren war, sich völlig von dem unterschied, was sie ihrem Glauben gemäß erwartet hatten. Außerdem müssen wir die Aussagen jener berücksichtigen, die nach ihrer Rückkehr in den Körper über Ereignisse oder Unterhaltungen berichteten, die stattfanden, als sie klinisch tot waren, und deren Richtigkeit nachgewiesen wurde. Einige Personen hatten in ihrem körperlosen Zustand das Zimmer, in dem ihr Körper lag, verlassen und konnten bei Ereignissen zugegen sein, die in nahe gelegenen Räumen oder sogar sehr weit entfernt stattfanden.

## Ein neugieriger Blick hinter den Vorhang des Todes

Die Nahtoderfahrung vermittelt uns also eine sehr beruhigende Vorstellung davon, wie es ist, wenn man stirbt. Aber wie genau ist das Bild, das sie uns vom Jenseits gibt? Vermutlich ist es sehr begrenzt und entspricht in etwa dem Unterschied, einen Tagesausflug nach Calais zu unternehmen und tatsächlich in Frankreich zu leben. Denn den Menschen, die eine Nahtoderfahrung machen, wird nur ein kurzer Blick hinter den Vorhang des Todes gewährt. Wenn wir mehr herausfinden möchten, müssen wir uns mit den Informationen beschäftigen, die wir von denen erhalten, die sich ständig dort aufhalten.

Zuerst einmal müssen wir in bezug auf die geistige Welt begreifen, daß sie in Wirklichkeit kein Ort ist. Üblicherweise stellen wir sie uns im Himmel oder zwischen den Sternen vor, aber diese Vorstellung ist genauso falsch wie die von Gott als einem alten Mann, der auf einer Wolke thront und aus großer Höhe auf die Erde herabblickt. Es wäre präziser, die geistige Welt als einen differenzierten Existenzzustand zu beschreiben, in dem Zeit und Raum, so wie wir sie kennen, nicht gelten. Und damit wird beiläufig auch eine andere Frage beantwortet, die häufig gestellt wird: »Wie kann es ›da oben‹ Platz für all die Millionen von Menschen geben, die seit den Anfängen der Welt gestorben sind?« Der spirituellen Dimension sind keine Grenzen gesetzt. Wie die Ewigkeit hat sie weder Anfang noch Ende.

### *Die Struktur der geistigen Welt*

Wie ich schon sagte, ist die geistige Welt kein Ort und kann daher nicht im geographischen Raum lokalisiert werden, aber um eine Vorstellung von ihrer Struktur zu geben, werde ich eine Analogie zur Hilfe nehmen. Stellen Sie sich eine Reihe von konzentrischen Kreisen vor, von denen jeweils ein Kreis den anderen durchdringt. Jeder Kreis setzt sich aus immer feinerer Materie zusammen und schwingt mit einer höheren Frequenz als der vorherige.

In der Mitte befindet sich die Erde. Von den Welten ist sie die dunkelste, die dichteste. Geistkommunikatoren sagen, daß sie

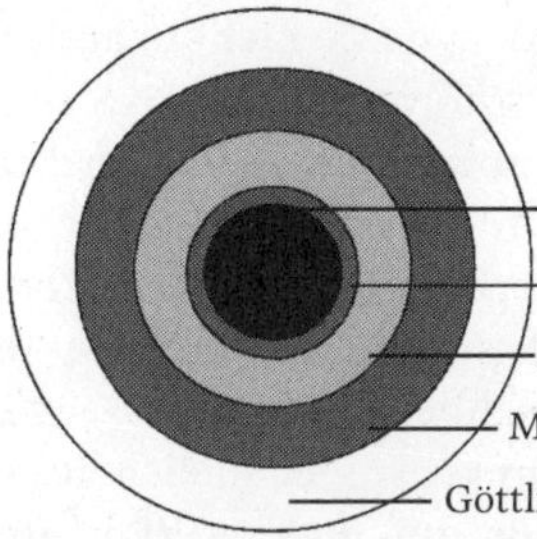


*Die Existenzebenen*

grau und schwer sei im Vergleich zu der von ihnen bewohnten Welt und daß das Herabkommen auf diese Ebene für sie ungefähr mit einem Taucher vergleichbar sei, der sich in die Tiefen des Ozeans begibt. Die Erde wird unmittelbar (bildlich gesprochen) von der ätherischen Ebene umgeben. Diese düstere, dunstige Region bildet ein Niemandsland zwischen der Erde und den unsichtbaren Sphären. Die meisten Seelen passieren, wenn sie sterben, diese Region schnell, so als würden sie durch einen Nebel gehen. Andere bleiben in einem traumähnlichen Zustand eine Weile hier, bis sie sich ihrer neuen Existenz voll und ganz bewußt sind.

*Das Sommerland*

Zwischen einer Dimension und der nächsten bestehen keine starren und festumrissenen Grenzen, so daß die ätherische Dimension in die astrale übergeht. Das ist die Ebene, die in den Berichten über Nahtoderfahrungen so lebendig beschrieben wird. Hierhin kommen wir normalerweise nach dem Tod. In der spiritistischen Literatur wird sie das Sommerland genannt.

In meinem Buch *Mediums and the Afterlife* habe ich die Natur dieses geheimnisvollen Reiches ein wenig erklärt. Im wesentlichen ist es eine Gedankenebene, mittels Gedankenkraft erschaffen von Wesen aus einer höheren Dimension als ein Ort, an dem sich neu angekommene Seelen wie zu Hause fühlen können. Diese Ebene ist nicht das Himmelreich, auch wenn sie vielleicht mit Seligkeit erfüllt zu sein scheint und unserer Welt verblüffend ähnelt. Technische Einrichtungen wie Autos oder Telefone sind nicht vorhanden, da sie nicht benötigt werden, aber die Bewohner haben Geistkörper, die den irdischen Körpern gleichen, leben in Häusern und gehen vielen der Dinge nach, die wir auf Erden verrichten.

Einige Seelen verbringen nur kurze Zeit im Sommerland, andere bleiben vielleicht für Jahrhunderte – die Zeit hat dort keine Bedeutung. Aber schließlich kommt der Augenblick, in dem sie weiterziehen. Dann kehren sie vielleicht in einem neuen Körper auf die Erde zurück, um andere Erfahrungen zu sammeln und neue Lektionen zu lernen, oder sie können sich in höhere Dimensionen weiterbewegen.

*Die höheren Sphären*

Diese höheren Dimensionen, die jenseits der Astralebene liegen, unterscheiden sich derart von unserer Welt, daß man sich nur schwer vorstellen kann, wie sie aussehen. Der okkulten Lehre gemäß liegt als nächste Ebene hinter der astralen die mentale Ebene. Die höchste Ebene von allen ist die göttliche Sphäre, bei der es sich um einen Zustand von Gottesbewußtsein handelt, der mit irdischen Begriffen nicht erfaßt werden kann, aber den man als Himmel bezeichnen könnte.

Doch die Geistwesen, mit denen Medien Kontakt aufnehmen, sprechen nicht über diese weit entfernten Regionen. Sie existieren auf der Astralebene. Obgleich sie gewöhnlich (jedoch nicht ausnahmslos) weiser sind als wir, ist ihr Wissen begrenzt, und sie sind keine unfehlbaren Weisheitsquellen. Manche Kommunikatoren kommen jedoch wirklich aus Dimensionen jenseits der astralen, und diese nennen wir Führer oder Lehrer. In manchen Traditionen stellt man sie sich vielleicht als Engel vor. Sie halten sich schon länger in der geistigen Welt auf und sind weiter fortgeschritten, aber selbst sie haben den endgültigen Himmel noch nicht erreicht.

*Eine Art von Hölle*

Und was ist mit der Hölle, werden Sie vielleicht fragen. Ich glaube nicht im mindesten an die herkömmliche Hölle aus Feuer und Schwefel mit kleinen Teufeln in roten Anzügen, die Gabeln in Menschen stechen. Aber eine Art von Hölle existiert wirklich. Die Nahtoderfahrung wirft auch Licht auf diesen Aspekt des Lebens nach dem Tode. Eine sehr kleine Gruppe von Menschen machte sogenannte negative Nahtoderfahrungen, bei denen sie mit dämonischen Gestalten und alptraumhaften Bildern konfrontiert wurden, die sie mit schrecklicher Angst erfüllten. Das heißt nicht, daß es schlechte Menschen waren. Sie hatten einfach nur das Pech, einen flüchtigen Blick in die Höllenregionen der Astralebene zu erhaschen, die jedoch wahrscheinlich vielmehr öde und kalt sind als heiß und qualmig.

Nach dem Tod streben wir durch ein natürliches Anziehungsgesetz zu der Ebene hin, die uns am ehesten entspricht. Es sind allesamt Gedankenebenen, so daß wir in gewissem Sinne unseren Himmel oder unsere Hölle selbst erschaffen, durch unsere Gedanken und Persönlichkeiten in dem Leben, das wir jetzt führen. Die meisten Menschen führen ein recht anständiges Leben und haben sich Ruhe verdient, aber jemand mit einem schlechten Lebenswandel, der anderen absichtlich Schmerz und Leid zufügt, wird dafür bezahlen, indem er an diese freudlose Region gefesselt wird und dort eine schwere Zeit verbringt.

Es ist noch nie jemand zurückgekehrt und hat berichtet, daß er vor den Thron Gottes geschleppt wurde, um gerichtet zu werden, aber Personen mit einer Nahtoderfahrung sprechen von einer Rückschau, bei der die Ereignise ihres Lebens blitzartig vor ihnen abliefen, einem Video gleich, das ihnen vorgeführt wurde. Sie waren nicht nur gezwungen, sich zu dem Unrecht, das sie getan haben, zu bekennen, sondern, was schlimmer ist, in ihrem Inneren den Schmerz zu fühlen, den sie anderen zugefügt haben. Auch wenn sie mit großer Liebe und großem Verständnis durch diese Rückschau geführt wurden, war sie nichtsdestoweniger schmerzhaft.

Auch Geistkommunikatoren sagen, daß sie irgendwann auf ihr irdisches Leben zurückblicken mußten. Sie machen eine Zeit der Reue durch, die die Seele in eine selbstgeschaffene vorübergehende Hölle stürzen kann, aber selbst das ist ein Selbsturteil und keine göttliche Vergeltung. Und bei der Rückerinnerung an

Ihr Leben zählt nicht, was Sie geglaubt haben oder ob Sie in die Kirche gegangen sind oder nicht, sondern was für ein Mensch Sie waren. Anders ausgedrückt, einfache, altmodische Güte und herzliche Freundlichkeit werden Sie im Jenseits weiterbringen als das Singen von Kirchenliedern und das hohle Dahinsagen von Gebeten.

Es liegt auf der Hand, daß diese knappe Darstellung vom Jenseits sehr vereinfacht ist. Es befinden sich dort zahlreiche Ebenen und Zustände, die allesamt unterschiedlich sind. Es trifft nicht zu, daß man für alle Ewigkeit an einen Ort geschickt wird. Seelen können sich von einer Ebene zu einer anderen bewegen. Selbst ein schlechter Mensch würde schließlich nach einer Zeit der Reue und Buße imstande sein, nach oben zum Licht hin fortzuschreiten.

## Traesas Nahtoderfahrung

Die Nahtoderfahrung ist nichts Ungewöhnliches. Im Laufe meiner Jahre als Medium habe ich vielen Menschen zugehört, die mir erzählten, wie sie starben und wieder ins Leben zurückkehrten. In der Zeit, als ich Material für dieses Buch zusammentrug, wurden mir mehrere Berichte erzählt. Einer der bewegendsten stammt von Traesa, einer Irin, die viele Jahre in London lebte. Ihre Geschichte ist ungewöhnlich insofern, als sie am Übergang ihres Onkels in das Jenseits teilnahm.

Traesas Onkel führte ein Einsiedlerdasein in einer Hütte auf einem Berg. Als Kind pflegte sie ihn oft zu besuchen. Eines Tages, als sie wieder einmal bei ihm war, war er sehr krank. Beim Abschied fügte sie wie immer hinzu: »Ich werde dich wiedersehen.« Der alte Mann stützte sich mit dem Ellbogen ab und sagte sehr ernst: »Ja, du wirst mich wiedersehen, Tossle« (das war ihr Kosename).

> Kurz danach träumte ich, daß ich den Hügel zur Hütte hinaufging, in der er lebte. Er ging neben mir her, aber es war, als würden wir durch einen Tunnel in ein Licht hineingehen. Ich

> sagte zu ihm: »Kann ich den ganzen Weg mit dir gehen?« Aber er antwortete: »Nein, du mußt jetzt zurückkehren.« Ich wollte nicht gehen. Das Licht war so schön und liebevoll. Ich wollte nicht, daß es aufhört, aber er bestand darauf, und ich hatte mich nie mit Onkel Jack gestritten. Ich drehte mich um, aber er ging weiter und sauste förmlich in das Licht hinein. Später erfuhr ich, daß er in jener Nacht im Krankenhaus gestorben war.

Traesa fügte hinzu: »Ich weiß, wenn meine Zeit kommt, werde ich dieses Licht sehen und keine Angst haben.«

Vor allem das lehrt uns die Nahtoderfahrung, daß nämlich der Tod nichts ist, wovor man sich fürchten muß. In ihrem Buch *Über den Tod und das Leben danach* hat die berühmte Schweizer Psychiaterin Dr. Elisabeth Kübler-Ross folgendes zu sagen:

> Wir verfügen bereits über Hunderte von solchen Berichten, seien sie in Kalifornien, in Australien oder anderswo aufgezeichnet worden. Sie alle haben einen gemeinsamen Nenner, nämlich den, daß die Betreffenden bei vollem Bewußtsein ihren physischen Körper ablegen. Jener Tod, von dem uns die Wissenschaftler überzeugen wollen, existiert in Wirklichkeit überhaupt nicht. Der Tod ist ganz einfach das Heraustreten aus dem physischen Körper, und zwar in gleicher Weise, wie der Schmetterling aus seinem Kokon heraustritt. Der Tod ist ein Hinübergehen in einen neuen Bewußtseinszustand, in dem man fortfährt, zu fühlen, zu sehen, zu hören, zu verstehen, zu lachen, und man befähigt ist, weiterhin zu wachsen. Und das einzige, was wir bei dieser Umwandlung verlieren, ist nämlich das, was wir nicht mehr brauchen, und das ist unser physischer Körper. Es ist so, als ob wir unseren Wintermantel beim Herannahen des Frühlings weghängten, da wir wissen, daß er schon zu sehr abgetragen ist und wir ihn sowieso nicht mehr anziehen wollen. Um nichts anderes handelt es sich eigentlich beim Tod.[1]

1 Elisabeth Kübler-Ross, *Über den Tod und das Leben danach* (Güllesheim: Verlag »Die Silberschnur«, 1996), S. 33–34.

Der Schleier zwischen der jenseitigen Welt und der unseren ist dünn. Wenn wir mit dem Jenseits kommunizieren, sprechen wir nicht mit Engeln, noch haben wir es mit Geistererscheinungen in Nebelschleiern zu tun. Wir wenden uns an ganz normale Menschen, die wir gekannt und geliebt haben. Und nun wenden wir uns dem Thema der Kommunikation zu.

# 2. Medien und Konsultanten

Einige der Menschen, die mich für Sitzungen oder Lesungen, wie sie auch genannt werden, aufsuchen, sind ausgesprochen nervös. Alles, was sie über Medien wissen, stammt aus Horrorfilmen oder Gespenstergeschichten, und sie haben die seltsamsten Vorstellungen davon, was passieren wird. Ich kann diese nervösen Konsultanten sofort erkennen. Sie betreten zaghaft den Raum, sehen sich um, als würden sie Geister erwarten, die hinter dem Vorhang hervorfliegen. Dann setzen sie sich auf die Kante ihres Stuhls und warten darauf, daß ich das Licht ausmache und in Trance falle.

Ich beteuere ihnen immer, daß ich nichts dergleichen vorhabe. Sie sind dann beruhigt und entspannen sich etwas, wenn sie feststellen, daß ich verhältnismäßig normal bin. Ihre Erleichterung nimmt weiter zu, wenn sie sehen, daß meine Katze, die gewöhnlich neben mir sitzt (das heißt, sie besetzt meinen Stuhl, so daß ich auf dem kleinen Sofa Platz nehmen muß), keinerlei Anzeichen von Beunruhigung zeigt, sondern die ganze Zeit über friedlich ein Nickerchen macht.

Es passiert in der Tat nichts Gespenstisches während einer Sitzung. Ich erwarte nicht, daß meine Besucher sich um den Tisch die Hände reichen. Ich sitze einfach da und rede mit ihnen. Es ist meine Aufgabe, als Bote zu dienen, indem ich mein Bewußtsein auf die von ihnen geliebten Menschen in der geistigen Welt einstimme und so präzise wie möglich weitergebe, was auch immer die Geistwesen sagen wollen. Aber ich habe Verständnis für die Befürchtungen meiner Konsultanten. Das ganze Thema des Todes und des Lebens nach dem Tod ruft Angst und Unbehagen hervor – was zum Großteil jedoch auf Unwissenheit und Aberglauben beruht.

## Allgemeine abergläubische Vorstellungen von Medien

Eine der bekanntesten abergläubischen Vorstellungen von Medien besagt, daß sie die Toten beschwören. Jedes Medium kann dieses alte Klischee nicht mehr hören. Die Toten sind lebendiger als wir, in der höheren Dimension, in der sie existieren. Wir beschwören sie nicht. Sie kommen zurück, weil sie es möchten, weil sie ihre Familie und ihre Freunde auf Erden lieben und Anteil an ihnen nehmen. Kein Medium kann jemanden dazu veranlassen, gegen seinen Willen zurückzukehren. Manche ziehen es vor, überhaupt nicht zurückzukommen, und ich persönlich kann es ihnen nicht verübeln!

Ein anderer irriger Glaube ist, daß Medialität gefährlich sei, weil sie sich »in dilettantischer Weise mit dem Okkulten beschäftigt«. Auch das ist ein abgenutztes altes Klischee, das immer wieder aufgetischt wird. Mit »okkult« ist gewöhnlich Hexerei und schwarze Magie gemeint. Es besteht aber kein Zusammenhang zwischen Medialität und Hexerei. Wir beschwören keine dunklen Kräfte. Was das betrifft, beschäftigen sich auch moderne Hexen, die ebenfalls eine schlechte Presse haben, nicht damit. Damit soll jedoch nicht abgestritten werden, daß Kräfte der Dunkelheit existieren. Wenn Sie mit Wodu oder Satanismus herumspielen, fordern Sie sie heraus. Aber an dem einfachen, natürlichen Kontakt mit liebenden Wesen im Jenseits ist nichts Unheilvolles. Ein spirituelles Gesetz besagt: Gleich und gleich gesellt sich gern. Wenn Sie in Ihrem Herzen Böses tragen, werden Sie Böses anziehen, aber wenn Sie Ihre Liebe aussenden, werden Sie Liebe und Licht um sich herum anziehen.

Die Angst vor Besessenheit ist auch ein Punkt, der einige Menschen beunruhigt. Es sind Fälle von Besessenheit bekannt, die jedoch sehr selten vorkommen. Wenn Sie verstehen, wie schwierig es für geistige Wesen ist, uns auch nur ihre Präsenz bewußt zu machen, werden Sie einsehen, daß es für einen Geist fast eine Unmöglichkeit darstellt, den Körper eines Menschen zu besetzen. Es ist für einen Geist jedoch möglich, mental auf einen Menschen auf Erden einzuwirken und seine Gedanken und Verhaltensweisen zu beeinflussen. Das kann jemandem zustoßen, der innerlich schwach oder dessen Bewußtsein durch eine Geisteskrankheit geschädigt ist. Manche geisteskranken Patienten, die behaupten, Stimmen zu hören, leiden an dieser Art von Aufdrängung. Aber ein geistig gesunder Mensch kann nicht in Besitz genommen oder besessen werden. Ganz gewiß können Sie nicht von Ihren Lieben in der geistigen Welt besessen werden. Auch Medien werden nicht in Besitz genommen, selbst wenn sie in Trance sind. Sie arbeiten in williger Kooperation mit Geisthelfern.

## Ouija-Bretter

Ich werde oft nach dem Gebrauch von Ouija-Brettern zur Kontaktaufnahme mit der Geisterwelt gefragt. Ein Ouija-Brett, dessen Name sich aus dem französischen »Oui« und dem deutschen »Ja« zusammensetzt, ist ein glattes Brett, das am Rand entlang mit den Buchstaben des Alphabets versehen ist. Ein umgestülptes Glas wird in die Mitte gestellt. Alle Teilnehmer legen einen Finger mit der Spitze auf das Glas und stellen die altehrwürdige Frage: »Ist irgend jemand da?« Dann bewegt sich das Glas, angeblich von den Geistern angetrieben, in Richtung der Buchstaben, aus denen dann Botschaften abgeleitet werden können. Es gibt noch ein anderes Gerät, die sogenannte Planchette. Hierbei handelt es sich um einen dreieckig geformten Zeiger mit einem Stift an einem Ende und zwei Laufrollen, so daß er über Papier gleiten kann. Die Planchette funktioniert auf ähnliche Weise. Die Teilnehmer legen einen Finger mit der Spitze auf den Zeiger, der dann, hoffentlich, Botschaften auf das Papier schreibt.

Wenn diese Geräte von erfahrenen Medien eingesetzt werden, können sie interessante Ergebnisse hervorrufen, aber sie sind ein langsames und mühseliges Kommunikationsmittel. Stellen Sie sich vor, Sie würden versuchen, mit jemandem ein Gespräch zu führen, bei dem Sie jedes einzelne Wort mühsam entziffern müssen! Es sind jedoch keine Spielsachen, und ich rate jedem, der unerfahren ist, die Finger davon zu lassen. Zum einen können sie eine große Zeitverschwendung sein. Oft erhalten Sie nur ein bedeutungsloses Durcheinander von Buchstaben oder ein unleserliches Gekritzel. Falls Sie entzifferbare Botschaften empfangen, kann man unmöglich sagen, wieviel von dem Geist kommt und wieviel von Ihnen selbst. Auch wenn Sie das Glas oder den Zeiger nicht bewußt anstoßen, kann das dennoch passieren, ohne daß Sie es merken, und Ihre Kommunikation erstreckt sich dann lediglich auf Ihr eigenes Unterbewußtsein.

Ferner besteht die Gefahr, daß Sie jene Art von Geistern anziehen, die Sie eigentlich nicht um sich haben wollen. Die meisten von ihnen werden harmlos sein, aber es gibt auch etwas, was man als das »Halbstarken-Element« der geistigen Welt bezeichnen könnte, und diese Wesen verbreiten gern Angst und Verwirrung, wann immer sie die Gelegenheit dazu bekommen. Diese Gefahr ist allerdings nur sehr gering, denn, wie ich schon sagte, wenn Sie Liebe und Aufrichtigkeit suchen, werden Sie nur Gutes anziehen. Aber falls Sie es als ein Spiel betrachten und vielleicht andere, deren Motive eventuell nicht so aufrichtig sind wie die Ihrigen, zur Teilnahme einladen, dann ermöglichen Sie es solchen Wesen, sich unentdeckt einzuschleichen. Es ist bei weitem besser, wenn Sie Kontakt herstellen, indem Sie Ihr spirituelles Bewußtsein entwickeln, anstatt sich auf mechanische Geräte zu verlassen.

## Spiritismus

Der Spiritismus hat bedauerlicherweise einen schlechten Ruf. Er wird mit kleinen, alten Damen assoziiert, die Séancen in Hinterzimmern abhalten. Viele Menschen sind sich nicht im klaren darüber, daß er eine anerkannte Religion ist, die 1848 in Amerika mit zwei Schwestern, Kate und Margaret Fox, begann, deren Haus in Hydesville im Staat New York von einem Geist heimgesucht wurde. Die Schwestern hatten Erfolg dabei, mit dem Geist zu kommunizieren, der ihnen mitteilte, er sei ein Hausierer, der dort ermordet und dessen Leichnam im Keller vergraben worden sei. Jahre später wurden bei Ausgrabungen menschliche Knochen und die Blechbüchse eines Hausierers entdeckt. Die Nachricht von den Ereignissen in Hydesville verbreitete sich in Windeseile und führte zu einer Manie. Überall in Amerika versuchten die Menschen, Kontakt mit den Geistern aufzunehmen. Sie saßen um einen Tisch, während die Geister dadurch kommunizierten, daß sie den Tisch bewegen ließen oder Klopfgeräusche machten.

Auch wenn diese Methoden heutzutage primitiv erscheinen, waren sie zu der Zeit ein Durchbruch. Zum erstenmal in der Geschichte wurde es gewöhnlichen Männern und Frauen klar, daß sie sich mit denen in Verbindung setzen konnten, von denen man wußte, daß sie tot waren. Zweifellos gab es viele Fälle von Selbsttäuschung. Tische können ebenso wie Gläser auf Ouija-Brettern durch das unbewußte Tun der Teilnehmer bewegt werden. Natürlich gab es dabei auch viel Betrug. Aber es gab auch echte Phänomene, die verifizierbare Beweise für ein Leben nach dem Tod lieferten.

Der Spiritismus verbreitete sich bald von Amerika nach England und in anderen Ländern. Kirchen wurden gegründet, und viele Menschen entdeckten, daß sie medial begabt waren. Mit der Zeit änderte sich der Stil der Medialität. Klopfende Tische und düstere Séance-Räume wurden durch Medien ersetzt, die sich auf mentalem Wege mit der Geisterwelt verbanden.

Heute existieren Hunderte von spiritistischen Kirchen in Großbritannien und überall auf der Welt. Sie bieten Gottesdienste an, die denen in protestantischen Freikirchen ähneln, insofern, als sie ziemlich zwanglos sind, und beziehen Choräle und Gebete ein. Bei jedem Gottesdienst wird außerdem eine Demonstration von Medialität geboten, im allgemeinen als Hellsehen bezeichnet, wobei das Medium kurze »Botschaften« von Geistern an Mitglieder der Kirchengemeinde weitergibt.

Bedauerlicherweise läßt das Niveau der Medialität in Kirchen vieles zu wünschen übrig, und Neulinge gehen vielleicht alles andere als überzeugt wieder. Aber es lohnt sich dennoch, mehrere verschiedene Kirchen zu besuchen und mehrere Medien zu erleben, um sich eine ausgewogene Meinung zu bilden, da einige von ihnen hervorragend sind.

Der spiritistische Gottesdienst ist für alle offen, und es besteht kein Anlaß, nervös zu werden. Diese Gottesdienste werden nicht im Dunkeln abgehalten, und Sie werden nicht die Spur von einer »Erscheinung« sehen. Die Atmosphäre ist fast immer freundlich und herzlich.

Außerdem bieten die Kirchen andere Aktivitäten wie Vorträge, Diskussionsgruppen und sogenannte Entwicklungsgruppen an, in denen Medien ausgebildet werden. Auch Geistheilung findet statt. Wenn Sie das Bedürfnis nach Heilung verspüren, ob Sie nun ernstlich krank sind oder einfach nur unpäßlich, lohnt sich wirklich ein Versuch, da sie auf allen Ebenen, auf der geistigen, der emotionalen sowie der körperlichen, helfen kann.

Nicht alle Medien arbeiten innerhalb der Spiritistenbewegung, obwohl es für die Mehrheit zutrifft. Sie reisen von Kirche zu Kirche, um Gottesdienste zu halten, und viele veranstalten auch private Sitzungen bei sich zu Hause. Meine eigene Arbeit ist ebenfalls aufgeteilt zwischen kirchlicher Tätigkeit und privaten Sitzungen. Überdies leite ich Seminare und Workshops über mediale Entwicklung.

*Glaubensvorstellungen des Spiritismus*

Als wichtigsten Grundsatz vertritt der Spiritismus, daß die Seele über den physischen Tod hinaus ewig weiterlebt. Er bietet Beweise dafür durch die Kommunikation mit der geistigen Welt. Seine Philosophie über das Leben und das Jenseits basiert auf der empfangenen Weisheit vieler Geistlehrer. Er sieht in allen Religionen Gutes, glaubt jedoch, daß keine Religion die ganze Wahrheit umfaßt. Er betont unentwegt die Wichtigkeit von Liebe und Dienst als die Grundlage aller Religionen. Der Sinn des Lebens auf Erden besteht darin, zu lernen und zu wachsen, so daß wir in höherem Maße zu geistigen Wesen werden und den Funken der Göttlichkeit zum Ausdruck bringen, den jeder von uns in sich trägt.

Der Spiritismus respektiert Jesus, so wie er alle großen geistigen Lehrer respektiert. Es gibt eine christliche Spiritistenbewegung, für die Jesus der größte von allen Meistern ist, die jedoch nicht unbedingt mit allen Lehren der Kirche einverstanden ist.

Aber der Spiritismus wird von der christlichen Kirche mit Argwohn betrachtet, besonders von einigen Evangelikalen und Fundamentalisten, die ihn als Werk des Teufels ansehen und glauben, daß alle Geister, die mit der Erde kommunizieren, verkleidete Dämonen sind.

Ich finde diese Art von Vorurteil recht bedauerlich. In all den Jahren, seitdem ich als Medium tätig bin, habe ich nichts anderes als Liebe von seiten der geistigen Welt gespürt. Ich habe erlebt, wie gebrochene Herzen geheilt und Leben transformiert wurden durch das Wissen, daß das Leben weitergeht. Und alles, was ich dazu sagen kann, ist, daß der Teufel, wenn dies wirklich sein Werk sein sollte, doch gar kein so schlechter Bursche sein kann!

## Wie Medien helfen können

Manchmal wird kritisiert, daß Medien es den Menschen schwerer machen, über den Verlust von geliebten Personen hinwegzukommen, indem sie sie ermuntern, sich an den Verstorbenen zu klammern. Meiner Erfahrung nach trifft das nicht zu. Jeder, der einen geliebten Menschen verloren hat, kennt die damit verbundene Verzweiflung. Das Schlimmste daran ist das Gefühl, daß sie einfach aufgehört haben zu existieren und man sie nie mehr wiedersehen wird. Medien können natürlich nicht den durch die Trauer verursachten Schmerz wegnehmen, aber sie können diesen Schmerz lindern, indem sie zeigen, daß der Verstorbene weiterlebt und Liebende eines Tages wieder vereinigt sein werden. Es ist leichter, seine Trauer zu überwinden, wenn man weiß, daß es ihnen gutgeht und daß sie glücklich sind.

Bestimmt wollen diejenigen in der Geisterwelt nicht, daß wir an traurigen Erinnerungen festhalten. »Sitz nicht herum und laß den Kopf hängen, geh aus und amüsier dich!« ist die Art von Botschaft, die ich oft weitergeben soll.

Die Menschen, die es am schwierigsten finden, diesen Rat zu befolgen, sind auch diejenigen, die von Reue oder Bedauern geplagt werden. Vielleicht hatten sie keine Möglichkeit, sich von jemandem, der plötzlich gestorben ist, zu verabschieden, oder vielleicht wünschen sie, daß sie sich anders verhalten oder ihre Liebe stärker zum Ausdruck gebracht hätten, als die Person noch auf Erden war. In dem Fall kann Medialität eine heilende Qualität haben. Eine Sitzung bietet jenen auf beiden Seiten des Lebens die Möglichkeit, das zu sagen, was sie sagen müssen, um Wunden zu heilen.

Die Mutter einer Frau kam zu mir und bat mich: »Sagen Sie meiner Tochter, sie soll den dummen Streit vergessen, den wir hatten. Es war mein Fehler. Ich möchte, daß sie weiß, daß ich sie immer noch liebe.«

Das Gesicht der Frau leuchtete auf. »Das mußte ich einfach hören«, sagte sie. Und sie erzählte mir, daß sie und ihre Mutter, mit der sie sich normalerweise gut verstand, eine kleine Meinungsverschiedenheit hatten. Sie wollte sie gerade anrufen, aber bevor sie dazu kam, hatte ihre Mutter einen Schlaganfall und starb. Seitdem hatte sie darunter gelitten, daß ihre Mutter ihr nicht verziehen hatte. Nun war sie imstande, sich die Schuldgefühle aus dem Kopf zu schlagen und mit ihrem Leben guten Gewissens zurechtzukommen.

## Anliegen von Konsultanten

In der ersten Zeit nach dem Tod einer Person spüren die ihr Nahestehenden oft deren Präsenz im Haus. Das kommt sehr häufig vor. Tatsächlich habe ich selten Konsultanten, die dieses Gefühl der Präsenz nicht empfinden. Sie wollen natürlich wissen, ob es einfach nur ihrer Phantasie entspringt. Ich versichere ihnen immer, daß ihre Gefühle real sind und daß die geliebte Person versucht, sie zu erreichen. Vertrauen Sie auf Ihre Intuition – und lassen Sie sich nicht von denen aus dem Konzept bringen, die sagen oder auch nur andeuten, daß Sie vorübergehend aus dem Gleichgewicht sind und wieder zur Vernunft kommen, wenn Sie erst einmal darüber hinweggekommen sind!

Als erstes möchten Konsultanten wissen, ob es ihrem Freund

oder Verwandten gutgeht. »Ruht er?« fragen sie. Mir gefällt dieser Ausdruck nicht. Er ruft die Vorstellungen von den Toten ins Gedächtnis zurück, die bis zum Jüngsten Gericht in ihren Gräbern schlafen, was von der Wahrheit weit entfernt ist. Ich ziehe es vor, an das Jenseits im Sinne von froher Aktivität zu denken. Dort existieren weder Krankheiten noch Gebrechen. Diese Dinge gehören zum physischen Körper und werden zurückgelassen, sobald der Geistkörper freigelassen wird. Jemand, der ein Körperglied verloren hat, ist in seinem Geistkörper vollständig. Gebrechen wie Blindheit und Taubheit verschwinden ebenfalls. Oft sagen Kommunikatoren als erstes: »Ich habe meine Kraft wieder« oder »Ich kann wieder laufen«. Also sage ich meinen Konsultanten, daß sie, wenn sie sich an sie erinnern, sie nicht mehr für alt und krank halten sollen, sondern für stark und gesund, weil es genau dem entspricht, wie sie jetzt sind.

Es gibt keine absolut bindende Regel darüber, wie schnell geistige Wesen zurückkommen können. Mir sind Fälle bekannt, in denen sie vor ihrer Beerdigung zurückgekommen sind und sich sehr für die Vorkehrungen interessiert haben, die für ihre Verabschiedung getroffen wurden! Jemand, der eines gewaltsamen Todes gestorben ist, kann Schwierigkeiten haben, klar und deutlich zu kommunzieren. Leute, die urplötzlich aus ihrer physischen Existenz geschleudert wurden, vielleicht als Folge eines Unfalls, können einen Schock haben und wissen nicht, was mit ihnen passiert ist. Wie schnell diese Verwirrung überwunden wird, hängt vom einzelnen ab, aber Hilfe wird in der geistigen Welt immer geboten, und gewöhnlich dauert es nicht lange, bis sie ihren Übergang akzeptieren. Ich hatte Botschaften von vielen Unfallopfern, und sie alle haben sich ganz glücklich eingefügt. In den meisten Fällen sagen sie, daß sie erfahren haben, daß es für ihren plötzlichen Tod einen Grund gäbe und daß das, was vom irdischen Gesichtspunkt aus wie ein Unfall ausgesehen habe, eigentlich Teil eines spirituellen Plans gewesen sei.

*Selbstmord*
Menschen, die sich das Leben nehmen, sind oft voller Reue, wenn sie sich in der geistigen Welt wiederfinden. Manchmal sind auch sie verwirrt. Es ist interessant, daß eine große Zahl von Menschen mit einem negativen Nahtoderlebnis versucht hatte, sich umzubringen. Aber allen Selbstmördern wird mit Liebe und Verständnis begegnet, und sie können kommunizieren, was sie auch tun.

Eine der bewegendsten Sitzungen, die ich je hielt, war für eine Frau, deren Sohn sich im Teenageralter das Leben genommen hatte. Sie machte sich bittere Vorwürfe und glaubte, daß es irgendwie ihre Schuld gewesen sei und daß sie die Gefahrensignale hätte erkennen müssen. Ihr Sohn sagte ihr, daß sie überhaupt keine Schuld und er in einem Anfall von Depression gehandelt habe, als er kaum wußte, was er tat. Er erzählte, daß er bei seinen Großeltern sei, die sich um ihn kümmern würden. Er wünschte, er hätte es nicht getan, aber allmählich würde er sich mit der Situation abfinden. Mit diesem Wissen war seine Mutter in der Lage, das Geschehene zu akzeptieren und sich selbst zu vergeben.

*Der Tod von Kindern*
Der Tod eines Kindes ist immer eine schreckliche Tragödie für die Eltern, die das Gefühl haben, daß ihrem Sohn oder ihrer Tochter die Möglichkeit des Heranwachsens verweigert wurde. Aber Kinder wachsen in der geistigen Welt auf und werden von Familienangehörigen oder von Seelen, die speziell für diese Aufgabe auserwählt wurden, betreut. Sie bleiben in enger Verbindung mit ihren Eltern auf Erden und entwickeln sich zu wunderschönen Seelen, die viel Trost und Erleuchtung bringen können.

*Tiere*
Auch Tiere überleben den Tod. Daß sie eine Seele haben, ist genauso sicher wie die Tatsache, daß wir eine haben. In jedem von Gott erschaffenen Wesen wohnt eine Seele. Es ist nur die Eitelkeit des Menschen, die uns glauben macht, daß wir allein be-

sonders ausgestattet sein sollten. Tiere können zu ihren Besitzern zurückkehren. Wenn ich »dort oben« ankomme, erwarte ich voll und ganz, meine geliebten Katzen vorzufinden, die auf mich warten, schnurren und einen Schoß fordern, auf dem sie sitzen können!

*Die Ehe*

Eine Frage, die oft gestellt wird, ist die nach der Ehe: »Kommen Ehepaare auch im Jenseits immer zusammen?« Das ist nicht zwangsläufig der Fall. Wenn zwei Menschen sich geliebt haben, werden sie wieder zusammenkommen, falls aber keine echte Zuneigung vorlag, werden sie getrennte Wege gehen. Manchmal kommt Besorgnis auf, wenn ein Konsultant, dessen Partner seit einiger Zeit tot ist, einen anderen kennenlernt und vielleicht wieder heiraten möchte. »Wird er eifersüchtig sein?« wollte eine Witwe wissen. Das halte ich für möglich, aber unter diesen Umständen bin ich noch nie auf Eifersucht gestoßen. »Ich möchte wirklich nur, daß du glücklich bist«, lautete die Botschaft ihres Gatten. »Ich bin froh, daß du jemanden gefunden hast, der sich um dich kümmert.«

Ein älterer Herr, der mich aufsuchte, war sehr besorgt, daß seine zweite Frau, die kürzlich gestorben war, seiner ersten Frau, die bereits seit vielen Jahren tot war, begegnen könnte. Er brauchte sich keine Sorgen zu machen. Sie kamen zusammen und waren offensichtlich die besten Freundinnen.

Aber ich mußte über die Reaktion einer Konsultantin lachen, als ich ihr erzählte, daß ihr Gatte in der geistigen Welt eine Frau namens Molly getroffen habe.

»Ist er etwa wieder bei dieser Frau?« fauchte sie. Molly war offenbar eine »alte Flamme«. »Ich bringe ihn um, wenn ich da oben bin!«

Oft werde ich gefragt, ob man mit jedem beliebigen Geist Kontakt aufnehmen kann. Auf diese Frage folgt oft eine Bemerkung wie: »Es ist nämlich so, daß ich von Onkel Jim seit einigen Jahren nichts mehr gehört habe, und ich möchte gern wissen, warum Tante Ethel mich bei ihrem Testament vergessen hat.«

Solche Bitten kann ich nicht erfüllen. Nicht jeder kann zurückkommen. Nicht jeder möchte zurückkommen. Manche glauben nicht daran, daß es möglich ist – es gibt genauso viele Ungläubige auf der anderen Seite des Lebens wie auf dieser. Diejenigen, die bei einer Sitzung durchkommen, stehen im allgemeinen, wie man es erwarten würde, dem Konsultanten am nächsten. Es ist das Band der Liebe, das sie anzieht. Aber es gibt keine Garantie. Manchmal kommen Geistwesen zurück, die der Konsultant kaum kennt, während jene, die ihm am nächsten stehen und am liebsten sind, nicht in Erscheinung treten.

»Seit sechs Monaten ist mein Mann nun tot«, beklagte sich eine Frau, »und in der ganzen Zeit habe ich nicht einen ›Piepser‹ von ihm gehört!«

Als ich sie ansah, war ich nicht überrascht. Sie hatte ihm eine harte Zeit auferlegt, als er noch hier gewesen war. Ich hoffe, er hat ihr verziehen – aber ich konnte es ihm nicht verübeln, daß er fortblieb.

## Die Kommunikatoren

Als ich begann, von dem Kontakt mit dem Jenseits zu erfahren, war ich überrascht darüber, wie menschlich doch die Kommunikatoren sind. Sie kommen nicht als große Heilige oder Philosophen zurück. Es sind gewöhnliche Männer und Frauen, die ein natürliches Interesse haben an jenen, um die sie sich auf Erden gekümmert haben, und die über gewöhnliche Dinge reden. Es wird oft am Spiritismus kritisiert, daß die Botschaften banal sind – aber alltägliche Unterhaltungen zwischen Menschen auf Erden sind nun einmal banal oder erscheinen dem Außenstehenden zumindest so, auch wenn sie für die Beteiligten natürlich sehr bedeutungsvoll sind. Aus diesem Grund ziehe ich den Begriff »Geistmenschen« vor, anstatt von »Wesen« oder »Entitäten« zu sprechen. Wenn beispielsweise Ihre Mutter zurückkommen würde, um mit Ihnen zu sprechen, ist sie noch immer Ihre Mutter und keine »Entität« – und erst recht kein Gespenst.

Sie zeigen sich genauso wie früher auf Erden. Sie tragen sogar die gleiche Art von Kleidung. Das ist eigentlich gar nicht so seltsam. Wenn wir in der Astralwelt sind, erschaffen wir unsere Kleidung automatisch durch Gedankenkraft. Wenn Sie andere Kleidungsstücke haben möchten, tun Sie das einfach auf gedanklichem Wege, aber die meisten kommen in ihrer vertrauten Kleidung zurück. Manchmal geschieht das zum Zwecke der Wiedererkennung. Sie tragen etwas (oder vermitteln mir ein mentales Bild davon), woran sich der Konsultant erinnern kann. Ein Mann zeigte sich im Arbeitsanzug, weil seine Tochter ihn in diesem Aufzug in Erinnerung behielt – wie er mit seinem beschmierten Arbeitsanzug an dem Auto herumbastelte.

Natürlich verändern die Geistmenschen sich im Laufe der Zeit, während sie sich zu höheren Dimensionen fortbewegen. Die Astralebene ist kein statischer Zustand. Wenn sie es wäre, gäbe es kein Fortschreiten. Jemand, der sich viele Jahre lang in der geistigen Welt aufgehalten hat, hat sich verändert. Er ist im wesentlichen immer noch dieselbe Person, aber er ist an Weisheit gewachsen, und sein Horizont wird sich erweitert haben. Geistlehrer, die seit vielen Jahren in dieser Dimension weilen, kommunizieren von einer höheren Ebene aus und befassen sich nicht so sehr mit den irdischen Einzelheiten des Lebens von Menschen, sondern vielmehr mit der Führung ihrer spirituellen Entwicklung.

Es gibt eine Sache, die ich bei meiner Arbeit als Medium immer frustrierend finde, nämlich die Beschränkungen der Kommunikation. Ich bin mir ständig bewußt, daß die Geistmenschen den Konsultanten sehr viel mehr mitteilen wollen, als mein Bewußtsein zu empfangen vermag. Ich höre oder sehe sie nicht physisch. Die Kommunikation findet auf einer mentalen Ebene statt. (Damit ist das Sprachproblem gelöst – ich empfange die Gedanken und nicht die Worte, so daß es keine Rolle spielt, ob der Kommunikator meine Sprache beherrscht oder nicht.) Für sie ist es eher so, als würden sie über eine schwache Telefonleitung mit vielen Knistergeräuschen und Störungen sprechen. Sie würden sich liebend gern hinsetzen und mit der Person plaudern, mit der sie Kontakt aufnehmen möchten, aber alles, was ihnen gelingt, sind ein paar möglicherweise zerstückelte Worte und kurze Botschaften.

Aber die Kommunikation wirkt durch die Macht der Liebe. Wo Liebe und Aufrichtigkeit vorhanden sind, kann der Kontakt hergestellt und die Nähe der geistigen Welt von jedem erfahren werden, der bereit ist, sein Herz und seinen Geist zu öffnen – wie ich später in diesem Buch verständlich machen werde.

# 3. Astralreisen

Wir mögen zwar intuitiv wissen, daß der unsichtbare Teil unseres Seins, der über den Tod hinaus lebt, die Seele, der Geist, oder wie auch immer man es nennen möchte, existiert, aber man kann es nicht beweisen – oder doch?

Bei dem Wort »Seele« fühlen sich die meisten Wissenschaftler unbehaglich. Es paßt nicht so gut in ihre mechanischen Theorien über das Universum. Aber es häufen sich wissenschaftliche Beweise, die darauf hindeuten, daß es etwas im Menschen gibt, das unabhängig vom physischen Körper existiert. Diese Beweise stammen aus Untersuchungen über außerkörperliche Erfahrungen, kurz AKEs ,beziehungsweise Astralprojektionen.

## Untersuchungen über außerkörperliche Erfahrungen

Außerkörperliche Erfahrungen sind sehr häufig. Es liegen zahlreiche Berichte von Menschen vor, die ihren physischen Körper verlassen haben, gewöhnlich jedoch nicht immer im Schlaf, und in körperlosem Zustand herumgewandert sind. Die Behauptungen verschiedener paranormal begabter Menschen, diesen Zustand bewußt herbeiführen zu können, wurden im Labor überprüft. Der berühmteste von ihnen war der Amerikaner Alex Tanous.

Tanous, ein College-Assistent, wurde von dem Parapsychologen Karlis Osis verschiedenen Tests unterzogen. Tanous wurde in einem schalldichten kleinen Raum untergebracht und aufgefordert, sich von seinem Körper loszulösen und ein entferntes Zimmer aufzusuchen, um einige Bilder, die sich dort befanden, zu beschreiben. Er erzielte eine Erfolgsquote von fünfundsechzig Prozent dabei, die Bilder richtig zu beschreiben. Man dachte sich weitere Experimente aus, um herauszufinden, ob er auf physische Objekte einwirken konnte, während er außerhalb des Körpers war. Bei einem Experiment wurden empfindliche Instrumente, sogenannte Thermistoren, die jede geringfügige Temperaturveränderung registrieren, in einem anderen Raum aufgestellt. Tanous, der im körperlosen Zustand seinen kleinen Raum verließ, war in der Lage, sie in Gang zu setzen. Bei einem anderen Experiment wurden lichtempfindliche Geräte eingesetzt, die in einer Dunkelkammer in einem anderen Teil des Gebäudes untergebracht wurden. Als er behauptete, er hätte sich von seinem Körper losgelöst, zeichneten die Instrumente eine plötzliche und unerklärliche Zunahme von Licht auf.

Dr. Charles Tart, ein Pionier auf dem Gebiet der veränderten Bewußtseinszustände, führte ebenfalls umfassende Forschungen über außerkörperliche Erlebnisse durch. Eine seiner Versuchspersonen, »Frl. Z.«, war eine Frau Anfang Zwanzig, die behauptete, seit ihrer Kindheit außerkörperliche Erfahrungen zu machen. Tart brachte ein Regal nahe der Zimmerdecke in dem Labor an, in dem sie schlief, und legte obenauf einen Zettel, auf den er eine fünfstellige Zahl geschrieben hatte. »Frl. Z.« verließ, während sie schlief, ihren Körper und konnte ihm nach dem Aufwachen die Zahl mitteilen.

Sowohl Osis als auch Tart arbeiteten mit einem weiteren Sensitiven, Ingo Swann. Auch Swann war höchst erfolgreich bei der Beschreibung von Bildern und Objekten, die sich außerhalb seiner Sichtweite befanden. Um Swanns außerkörperliche Sicht weiter zu testen, dachte Tart sich etwas aus, was er als »optischen Guckkasten« bezeichnete. Dieser Kasten enthielt ein Bild, das eigentlich eine geschickt konstruierte optische Täuschung war. Jemand, der vor dem Kasten stand und durch ein kleines Loch hindurch sah, konnte es richtig erkennen. Wieder war Swann erfolgreich. Doch einmal beklagte er sich, daß er das Bild nicht sehen könne, weil es in dem Kasten zu dunkel sei. Nach einer Überprüfung mußten ihm die Versuchsleiter recht geben – ein im Kasten plaziertes Licht hatte aufgrund eines technischen Versagens nicht mehr funktioniert.

Alle von Osis und Tart untersuchten Sensitiven waren während der Experimente an Elektroenzephalographen angeschlossen, die die Gehirnaktivität anzeigten. Die Aufzeichnungen lieferten einen weiteren Beweis. Sie registrierten einen Grad von Gehirnaktivität, der sich von demjenigen im normalen Schlaf- oder Wachzustand unterschied. Diese Veränderung trat nur in den Zeiten ein, in denen die Versuchspersonen behaupteten, außerhalb des Körpers zu sein.

Einige andere Forscher waren jedoch nicht zu überzeugen. Sie äußerten die Ansicht, daß eine Art außersinnlicher Wahrnehmung damit verbunden sein könnte. Die Sensitiven, so sagten sie, würden Gebrauch von Hellsichtigkeit machen und einen Teil des Bewußtseins vom Körper loslösen. Um dieser Behauptung entgegenzutreten, dachte sich Dr. Robert Morris von der Psychical Research Foundation in Kalifornien, USA, ein geniales Experiment aus, bei dem er sich die bekannte übersinnliche Veranlagung von Tieren zunutze machte. Seine Versuchsperson, Keith Harary, wurde aufgefordert, sich im körperlosen Zustand in einen anderen Raum zu begeben, in dem seine beiden Katzen spielten, und zu versuchen, ihre Aufmerksamkeit zu erregen. Die Resultate waren außergewöhnlich. Wenn Harary behauptete, er sei außerhalb des Körpers, sah man, wie die Katzen mitten in ihrer Beschäftigung innehielten, bewegungslos dasaßen und in einen offenbar leeren Raum starrten.

Derartige Experimente haben einen großen Einfluß auf das Thema Leben nach dem Tod. Niemand behauptet, daß außerkörperliche Erfahrungen beweisen, daß wir den Tod überleben, aber sie deuten in diese Richtung. Wenn demonstriert werden kann, daß ein Teil von uns unabhängig vom physischen Selbst funktionieren kann, warum sollte er es dann nicht auch weiterhin tun, wenn der Körper tot ist? So gesehen, kann die außerkörperliche Erfahrung eine Probe für den Tod sein, und der Tod an sich ist eine permanente Projektion! Zweifellos sind Menschen, die außerkörperliche Erfahrungen gemacht haben, zu der Überzeugung gelangt, daß die Seele existiert. Dr. Scott Rogo, der dieses Gebiet umfassend untersuchte, schrieb einmal: »Ich bin noch nie jemandem begegnet, der eine außerkörperliche Erfahrung gemacht hat und ein Materialist geblieben ist.«

Der berühmteste Astralwanderer aller Zeiten war Sylvan Muldoon. Sein in den 1920er Jahren veröffentlichtes Buch *Die Aussendung des Astralkörpers* ist nach wie vor der Klassiker auf diesem Gebiet. Muldoon hatte seine erste außerkörperliche Erfahrung mit zwölf Jahren, als er sich mit seiner Mutter bei einem Spiritistentreffen aufhielt. Später führte er das Ereignis auf die von den Medien in dem Gebäude erzeugte psychische Energie zurück. Er schlief ziemlich früh ein und erwachte mit einem seltsamen Gefühl. Er war bei vollem Bewußtsein, aber starr, als würde er am Bett festkleben. Dann spürte er seinen Körper zittern und wurde sich summender Geräusche und eines starken Drucks im Kopf bewußt.

> Kaum konnte ich wieder hören, als ich auch plötzlich sehen konnte. Und ich war sehr erstaunt! Mit Worten kann ich mein Erstaunen unmöglich wiedergeben. Ich schwebte! Ich schwebte in der Luft, in steifer waagerechter Lage, ein paar Fuß über dem Bett. Ich begriff jetzt, in welchem Zimmer, an welchem genauen Ort ich mich befand. Die Gegenstände erschienen zuerst nebelhaft, wurden dann deutlicher. Ich wußte genau, wo ich war, konnte mir aber das seltsame Verhalten meines Körpers nicht erklären. Langsam schwebte ich aufwärts der Decke entgegen, wobei ich hin und her schwankte, während der ganzen Zeit in waagerechter Lage und unfähig, mich zu rühren.
>
> Ich glaubte natürlich, dies sei mein physischer Körper, wie ich ihn immer gekannt hatte, daß er auf geheimnisvolle Weise begonnen habe, die Gesetze der Schwerkraft zu überwinden. Der Vorgang war für mich zu unnatürlich, um ihn zu verstehen, aber zu wirklich, um ihn zu leugnen, denn da ich bei Bewußtsein war, da ich sehen konnte, durfte ich nicht daran zweifeln, bei gesundem Verstand zu sein. Unwillkürlich wurde ich etwa sechs Fuß über dem Bett, als ob meine Bewegung von einer unsichtbaren, die Luft erfüllenden Kraft gelenkt würde, aus der waagerechten in die senkrechte Lage aufgerichtet und auf den Fußboden des Zimmers gestellt. Da stand ich, wie mir schien, etwa zwei Minuten lang immer noch außerstande, mich aus eigener Kraft zu bewegen, und

starrte nach vorn. Ich befand mich immer noch in astraler Starre.

Dann ließ die lenkende Kraft nach. Ich fühlte mich frei, wobei ich nur noch den Druck im Nacken spürte. Ich machte einen Schritt; der Druck verstärkte sich jedoch für einen Augenblick und warf meinen Körper im spitzen Winkel nach der Seite. Es gelang mir, mich umzudrehen. Da war ich doppelt! Ich fing an zu glauben, daß ich geisteskrank sei. Da war ein zweites Ich, das ruhig auf dem Bett lag. Es war für mich schwer, mich zu überzeugen, daß dies Wirklichkeit war, aber mein klares Bewußtsein ließ es nicht zu, daß ich das, was ich sah, bezweifeln konnte.[1]

Zuerst dachte Muldoon, er sei im Schlaf gestorben. In Panik wollte er das Zimmer verlassen, aber bei dem Versuch, die Tür zu öffnen, sah er sich durch sie hindurchgehen. Er ging von einem Zimmer zum anderen und versuchte verzweifelt, die schlafenden Hausbewohner zu wecken. Er griff nach ihnen, er rief sie und versuchte sie zu schütteln, aber seine Hände gingen durch sie hindurch. Sie konnten nicht einmal seine Anwesenheit spüren. In diesem Zustand streifte er etwa fünfzehn Minuten lang durch das Haus. Dann spürte er zu seiner großen Erleichterung, wie er zu seinem Körper zurückgezogen wurde, wo er mit einem Ruck und einem durchdringenden Schmerz aufwachte, »als ob ich von Kopf bis Fuß gespalten würde«.

Dieser lebhafte Bericht enthält viele der Merkmale, die am häufigsten mit der außerkörperlichen Erfahrung assoziiert werden. Sie beginnt im allgemeinen mit dem Bewußtsein, den Körper zu verlassen, entweder durch den Kopf oder, wie es meistens der Fall ist, indem die Person horizontal nach oben zur Decke schwebt. In diesem Moment blickt sie vielleicht herunter und sieht ihren physischen Körper auf dem Bett liegen. Der Schock darüber läßt sie gewöhnlich mit einem unangenehmen Ruck zurückkommen. Der Vorgang, sich vom Körper loszulösen, kann

1 S. J. Muldoon/H. Carrington, *Die Aussendung des Astralkörpers* (Freiburg im Breisgau: Bauer Verlag, esotera-Taschenbuch, 1996), S. 67–68.

jedoch unbewußt auftreten. In diesem Fall wacht die Person auf und findet sich in körperlosem Zustand herumschweben, gewöhnlich in ihrer normalen physischen Umgebung, bis sie zum Körper zurückgezogen wird, als wäre sie mit ihm durch ein Gummiband verbunden. Es kann, wie Muldoon feststellte, eine furchterregende Erfahrung sein. Andererseits empfinden viele Menschen das Gefühl der Freiheit vom Körper als belebend und fühlen sich in vollkommener Ruhe.

## Persönliche Erfahrungen

Menschen mit einer medialen Veranlagung sollen angeblich mehr außerkörperliche Erfahrungen machen als andere, weil sie nicht so fest in der physischen Ebene verankert sind. Ich weiß nicht, ob das zutrifft. Viele Medien, die ich kenne, sind überraschend realistische Menschen. Ich selbst hatte mehrere außerkörperliche Erfahrungen, und in Anbetracht dessen, was Muldoon sagt, ist es interessant, daß sie sich eher dann ereigneten, wenn ich mich an Plätzen aufhielt, an denen ein hohes Maß an psychischer Energie zu verzeichnen war, oder zu Zeiten, in denen ich intensiv auf einer psychischen Ebene gearbeitet hatte.

Meine erste derartige Erfahrung machte ich, als ich Anfang Zwanzig war. Zu der Zeit begann ich, meine mediale Fähigkeit zu entwickeln. An jenem Abend war ich sehr müde gewesen und früh zu Bett gegangen, ohne mich darum zu kümmern, das Geschirr zu spülen, das sich auf dem Abtropfbrett stapelte. Das war normalerweise nichts, was mir übermäßiges Kopfzerbrechen bereitet hätte, aber bei dieser Gelegenheit muß es mein Bewußtsein oder mein Gewissen beschäftigt haben, denn mitten in der Nacht sah ich mich die Treppe hinunter in die Küche gehen.

Ich ging zur Spüle hinüber und begann – wie ich dachte – mit dem Geschirrspülen. Dann erkannte ich, daß meine Hände durch das Geschirr hindurchgingen, ohne es zu bewegen. Merkwürdigerweise machte mir das keine Angst. Der einzige Gedanke, der mir durch den Kopf ging, war: »Das ist doch Zeitverschwendung!« Dann drehte ich mich um und ging wieder nach oben. Alles im Haus sah wie immer ganz normal aus. Der einzige Unterschied war, daß ich die Stufen nicht hinaufging, sondern hinaufschwebte. Als ich die Schlafzimmertür erreichte, schwand mir vorübergehend das Bewußtsein, dann erwachte ich und fand mich im Bett liegen.

Erst da begriff ich die Tatsache, daß ich außerhalb meines Körpers gewesen war. Und erst da setzte Panik ein. Ich war wie gelähmt, unfähig, einen Muskel zu bewegen. Mir war sehr heiß, und mein Herz schlug heftig. Ich lag eine Weile still da. Allmählich ließ die Lähmung nach, und mein Herz schlug wieder normal. Ich stand auf (dieses Mal körperlich) und machte mir eine Tasse Tee, um mich von dem Schock zu erholen.

Einige Wochen später hatte ich das nächste Erlebnis. Diesmal war mir bewußt, daß ich den Körper in horizontaler Lage verließ und mich schnell in die senkrechte Position aufrichtete. Ich wanderte im Haus umher, nicht laufend, sondern einige Zentimeter über den Boden schwebend. Ich war weniger beunruhigt als beim erstenmal, da ich in der Zwischenzeit mehrere Bücher über Astralprojektion gelesen hatte und begriff, was da vor sich ging. Wie bei so vielen paranormalen Ereignissen und Erfahrungen ist Verständnis der Schlüssel dazu, Angst zu überwinden. Seitdem habe ich mich an diese Streifzüge ziemlich gewöhnt, und obwohl ich sie nicht bewußt anstrebe, betrachte ich sie allmählich als Teil meines sensitiven Lebens.

## Unsere spirituelle Zusammensetzung

Die Untersuchungen über außerkörperliche Erfahrungen werfen eine interessante Frage auf: Was verläßt eigentlich den Körper? Um diese Frage zu beantworten, müssen wir die spirituelle Beschaffenheit des Menschen betrachten.

In derselben Weise, wie es mehrere verschiedene Ebenen oder Dimensionen der Existenz gibt, setzt sich der Mensch aus mehreren verschiedenen Körpern zusammen. Diese erhalten wir nicht erst, wenn wir sterben. Sie sind immer da und bilden den unsichtbaren Teil unseres Seins. Diese Körper, die jeweils mit einer anderen Frequenz schwingen, durchdringen sich gegenseitig.

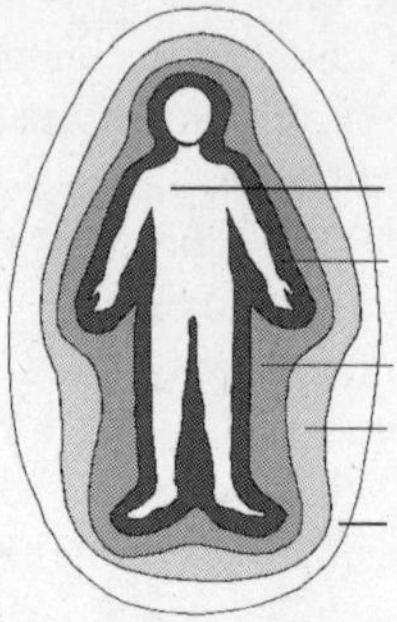


*Die verschiedenen Körper, aus denen wir bestehen*

Der physische Körper ist der unterste und dichteste. Nach ihm kommt der Ätherkörper, der die Verbindung zwischen physischem Körper und Astralkörper bereitstellt. Man könnte ihn als das Lebenserhaltungssystem des physischen Körpers bezeichnen, da seine Funktion zum Teil darin besteht, die kosmische Energie, die wir brauchen, um am Leben zu bleiben, in den physischen Körper zu lenken. Diese Energie, die im Osten *prana* genannt wird, ist die alle lebenden Dinge durchdringende universale Lebenskraft.

Als nächstes kommt der Astralkörper. Es ist der Körper, in dem wir nach dem Tode leben. Über ihn hinaus reichen der Mental- und der höhere spirituelle Körper, die uns mit den höherentwickelten geistigen Ebenen und schließlich mit Gott selbst verbinden.

Bei einer außerkörperlichen Erfahrung entfernt sich der Astralkörper vom physischen Körper. Aus diesem Grund wird dieses Phänomen manchmal auch »Astralprojektion« genannt. Einige Sensitive können den Astralkörper nach Belieben projizieren beziehungsweise aussenden, aber genaugenommen machen wir alle jede Nacht außerkörperliche Erfahrungen, da sich der Astralkörper jedesmal, wenn wir einschlafen, entfernt. Normalerweise sind wir uns dessen, während wir selig schlafen, nicht bewußt. Was wir als eine außerkörperliche Erfahrung bezeichnen, ist die Zeit, wenn wir »aufwachen«, während wir außerhalb des Körpers sind.

Eine Astralprojektion findet nicht nur im Schlaf statt. Auch wenn man entspannt oder schläfrig ist oder sich in halbwachem Zustand befindet, kann es zu außerkörperlichen Erfahrungen kommen. In diesen Fällen löst sich der Astralkörper sanft vom physischen Körper los, wie ein Handschuh, der von einer Hand gestreift wird. Doch ein Unfall oder ein Schlag gegen den Kopf ruft einen solchen Schock für das ganze System hervor, daß der Astralkörper mit großer Schnelligkeit weggedrängt wird. Opfer von Autounfällen beispielsweise haben manchmal berichtet, daß sie gemerkt haben, wie sie nach vorn durch die Luft geschleudert wurden, von oben auf den Unfallort herunterschauen konnten und dabei oft zuerst nicht realisierten, daß es ihr eigener Körper war, auf den sie blickten.

Auch Meditierende erleben Astralprojektionen. Menschen in tiefem Meditationszustand können spüren, wie sie aus dem Körper hochgehoben werden oder über ihm schweben. Medien in Trance sind sich dessen manchmal bewußt, außerhalb ihres physischen Selbst zu stehen. Ein mir bekannter Heiler erzählte mir, daß er sich einmal während einer Heilsitzung am anderen Ende der Kirche stehen fand und sich dabei beobachtete, wie er einem Patienten Heilung zukommen ließ.

## Außerkörperliche Erfahrungen und Nahtoderfahrungen

Für mich ist der interessanteste Aspekt der außerkörperlichen Erfahrung ihre große Ähnlichkeit mit der Nahtoderfahrung. In beiden Fällen besteht das Gefühl, den Körper schmerzlos zu verlassen, nach oben zu gleiten und nahe der Decke zu schweben. Sowohl Astralwanderer als auch Menschen mit Nahtoderfahrungen haben von Empfindungen der Freiheit und der Euphorie berichtet und gesagt, daß sie nur ungern in den Körper zurückgekehrt seien und ihre Angst vor dem Tod verloren hätten.

Myra Kolber, eine Krankenschwester, erzählte mir von einer außerkörperlichen Erfahrung, bei der sie am Sterben eines Patienten teilhatte:

> Ich entwickelte eine sehr enge Beziehung zu einem Patienten, der mir sagte, er wüßte von seinem Krebsleiden, aber ich solle dem anderen Pflgepersonal nicht sagen, daß er es wüßte. Ich teilte es trotzdem der Stationsschwester mit, die der Meinung war, daß ich, weil er mir vertraute, so viel wie möglich mit ihm arbeiten solle. Eines Tages hatten wir schrecklich viel zu tun, und als er mich rief, mußte ich ihm sagen, daß ich später nach ihm sehen würde, was ich dann aber nicht tat. Als ich in dieser Nacht in meinem Bett lag und schlief, wurde ich wach, um mich über meinem Bett nahe der Decke zu finden, aber nicht ich war es, die diese Gedanken hatte. Der Körper im Bett erlebte die erfrischendste Erfahrung reiner Freude, der Körper im Bett und das Selbst oben waren ein und dasselbe, aber irgendwie war ich irgendwo da und sah das alles. Kurz danach warf ich einen Blick auf die Uhr. Es war 0.40 Uhr. Als ich am nächsten Morgen meinen Dienst antrat, erfuhr ich, daß mein Patientenfreund zu diesem Zeitpunkt gestorben war. Ich habe nie darüber gesprochen, aber ich weiß, daß ich seinen Tod mit ihm erlebt habe.

Wie die Nahtoderfahrung vermittelt die Erfahrung, außerhalb des Körpers zu sein, eine gute Vorstellung davon, wie es sein muß, ein Bewohner der geistigen Welt zu sein; man ist imstande, diese Ebene des Lebens zu besuchen, und zugleich von ihr abgeschnitten. Muldoon, der sehr erfahren in Astralreisen wurde, folgerte, daß er in diesem Zustand tatsächlich ein Geist war. Er konnte durch Türen und Wände hindurchgehen, sich mit großer Geschwindigkeit gleitend oder fliegend fortbewegen und sich von einem Ort zu einem anderen mittels Gedankenkraft transportieren. Seine Wahrnehmung war gesteigert. Er hatte einen Röntgenblick und konnte Dinge in der Ferne sehen, aber er war selten imstande, jemandem in der physischen Welt seine Präsenz bewußt zu machen. Auch konnte er nicht auf physische

Objekte einwirken, obgleich es ihm einmal durch große Willenskraft gelang, ein Metronom in Gang zu setzen.

Wie kann man sicher sein, daß eine außerkörperliche Erfahrung mehr als nur ein Traum ist? Wie bei der Nahtoderfahrung ist dies in erster Linie eine Frage der persönlichen Überzeugung und einem anderen schwer zu beweisen. Mit der außerkörperlichen Erfahrung ist eine Lebendigkeit verbunden, die sich von jedem Traum unterscheidet, wie alle, die eine solche Erfahrung gemacht haben, bestätigen werden. Objektivere Beweise werden durch Sensitive wie Tanous und Swann, die sich für die weiter oben beschriebenen Experimente zur Verfügung stellten, geliefert, und es liegen viele andere schriftlich belegte Fälle vor, in denen eine Person an einen fernen Ort gereist und anschließend in der Lage war, das Gesehene zu verifizieren. Thelma Trenchard aus Cornwall schrieb mir, um mir von einem solchen Fall zu berichten. Es geschah, nachdem sie das Klavier ihrer Mutter verkauft hatte, an dem sie sehr gehangen hatte.

> Wie ziemlich viele andere Leute hatte ich Träume, in denen ich aus meinem physischen Körper herausschwebte. Ich war mir bewußt, daß ich in einem anderen Körper steckte, der bei diesen Gelegenheiten schwerelos war. Diesmal fand ich mich in meinem »leichten« Körper in einem Raum wieder, den ich nicht erkannte. Ich habe keine Ahnung, wie ich dorthin gekommen war. Der Raum war recht groß. Überall an den Seiten schien etwas zu sein, aber ich konnte nicht erkennen, was es war. Ich habe nicht darauf geachtet. In der Mitte war der Raum leer. Er war mit einem Holzfußboden aus langen Dielen ausgestattet, und in der Mitte lag ein kleiner, ziemlich ausgeblichener Teppich. Irgendwie hatte ich auf einmal Rollschuhe an und lief über die Dielen und den Teppich hin und her. Mein Geist arbeitete klarer als in gewöhnlichem Bewußtseinszustand. Ich dachte bei mir, daß es in diesem Zustand keine Reibung über den Dielen und dem Teppich gäbe, so daß ich mühelos laufen könne. Ich war leicht wie eine Feder, und es war großartig. Weiter dachte ich bei mir: »Jetzt weiß ich, wie es sein wird, wenn ich sterbe und meinen Körper zurück-

lasse.« Eine lautlose Stimme sagte: »Vergiß das nicht, es ist wichtig.« Da ich nie Rollschuh gelaufen bin und auch niemanden kenne, der das tut, war es für mich etwas völlig Ungewöhnliches.

Ungefähr zwei Wochen später ging ich in das Dorf hinunter, als die Dame, die das Klavier gekauft hatte, zufällig an ihrer Haustür stand. Sie rief mich zu sich und sagte: »Thelma, kommen Sie doch rein und sehen Sie sich das Klavier an. Wir haben achtzig Pfund dafür ausgegeben, und es sieht schön aus.« Also ging ich ins Haus. Ihr Bungalow war auf dem Gelände einer alten Halde gebaut worden und hatte ein Zimmer im Kellergeschoß unterhalb der Straßenebene, von dessen Existenz ich keine Ahnung hatte. Sie führte mich eine ziemlich steile Treppe hinunter dorthin, wo das Klavier stand. Ich sah hinunter, und mit Schrecken erkannte ich die Dielen auf dem Boden und den ausgeblichenen Teppich wieder. Ich sagte: »Sie haben aber einen schönen großen Raum hier unten.« – »Ja«, erwiderte sie, »als meine Enkelkinder klein waren, räumten wir die Möbel weg, damit sie hier Rollschuh laufen konnten.« Also hatte ich durchgespielt, was sie mir zwei Wochen später sagen würde, bevor sie es tatsächlich sagte!

*Außerkörperliche Erfahrungen bewußt herbeiführen*

Man kann außerkörperliche Erfahrungen mit Hilfe verschiedener Techniken bewußt herbeiführen, von denen jedoch keine sehr leicht zu beherrschen ist. Für den Fall, daß Sie es ausprobieren möchten, sind zahlreiche Bücher erhältlich, die ausführliche Anleitungen geben (siehe Bibliographie und Literaturempfehlungen). Aber ich muß Sie warnen – es ist keine Sache, auf die man sich leichtfertig einlassen sollte. Es kann unheimlich sein und für das Herz eine Belastung darstellen. Es können sich auch Erschöpfungszustände infolge eines Schlafdefizits einstellen!

Die Technik, die ich einem Anfänger zum Ausprobieren empfehlen würde, wird Traummethode genannt. Sie wurde von Oliver Fox in den 1920er Jahren ersonnen und wird in seinem Buch *Astral Projection* beschrieben. Seine Methode, die dem ähnlich ist, was wir heutzutage als luzides Träumen bezeichnen, besteht darin, daß man sich selbst kurz vor dem Einschlafen suggeriert, sich während des Träumens bewußt zu sein, daß man träumt. Er fand heraus, daß, sobald er dazu imstande war, sich die Qualität des Traums drastisch veränderte.

> Zugleich verstärkte sich das Lebensgefühl hundertfach. Niemals hatten Meer und Himmel und Bäume einen so schönen Glanz gehabt; sogar die einfachsten Häuser schienen voller Leben und von einer geheimnisvollen Schönheit. Niemals hatte ich mich so völlig gesund, so wunderbar kräftig gefühlt. Die Welt war wahrhaftig so glänzend wie eine Muschel geworden. Die Empfindung war unwahrscheinlich schön; sie dauerte jedoch nur einige Augenblicke an, und ich erwachte.[1]

Die folgende Methode kann ebenfalls angewendet werden, um bewußt eine außerkörperliche Erfahrung herbeizuführen.

- Wählen Sie eine ruhige Tageszeit. Der Abend ist ideal, wenn Sie allmählich schläfrig werden, aber noch nicht so müde sind, daß Sie gleich einschlafen. Suchen Sie sich einen Ort, an dem Sie nicht gestört werden. Ihr Schlafzimmer eignet sich wahrscheinlich am besten dazu. Überzeugen Sie sich davon, daß es nicht zu Lärmbelästigungen oder Ablenkungen kommen wird. Stellen Sie das Telefon ab, sperren Sie die Katze aus und geben Sie der Familie strikte Anweisung, das Zimmer nicht zu betreten. Das ist sehr wichtig, da Sie sich nicht genügend entspannen können, wenn Sie Störungen befürchten müssen. Der Raum sollte schwach beleuchtet und so warm sein, daß es behaglich ist, aber nicht zu warm.
  Legen Sie sich aufs Bett oder auf eine Couch und entspannen Sie sich vollkommen. Dazu dehnen und strecken Sie zunächst Ihre Zehen und lassen dann locker. Verfahren Sie genauso mit

1 Oliver Fox, zitiert in: S. J. Muldoon/H. Carrington, *Die Aussendung des Astralkörpers* (Freiburg im Breisgau: Bauer Verlag, esotera Taschenbuch, 1996), S. 42–43.

den Muskeln der Füße und den Fußknöcheln. Arbeiten Sie sich hinauf, bis jeder Teil Ihres Körpers völlig entspannt und gelöst ist. Richten Sie Ihre Aufmerksamkeit auf die Zimmerdecke über dem Bett und stellen Sie sich vor, wie Sie nach oben schweben, um sie zu berühren. Strengen Sie sich nicht an, stellen Sie sich einfach vor, wie Sie auf einem Kissen aus Luft behutsam nach oben getragen werden. Vielleicht müssen Sie es x-mal versuchen, bis Sie ein Ergebnis erzielen, aber schließlich sollten Sie spüren, wie Sie in horizontaler Lage nach oben steigen und sich dann etwa 60 bis 90 Zentimeter vom Bett entfernt in eine vertikale Position aufrichten.

Wenn Sie soweit sind, verlieren Sie nicht die Nerven! Geraten Sie in Panik, werden Sie sofort mit einem unangenehmen Ruck in den physischen Körper zurückgezogen. Wenn Sie gelassen bleiben können, drehen Sie sich um und schauen auf Ihren physischen Körper, der auf dem Bett liegt, herunter. Dann können Sie mit Erkundungen beginnen, aber seien Sie anfangs nicht allzu ehrgeizig. Gewöhnen Sie sich an das Gefühl, sich im Astralkörper zu bewegen. Laufen Sie im Zimmer herum. Versuchen Sie, das Zimmer zu verlassen (Sie werden imstande sein, durch die geschlossene Tür hindurchzugehen), und bewegen Sie sich in andere Räume und aus dem Haus hinaus auf die Straße.

Wenn Sie sich in diesem Zustand wohl fühlen, können Sie sich weiter in die Ferne wagen, aber seien Sie davor gewarnt, daß Sie es möglicherweise nicht sehr leicht finden werden. Manche Bücher über Astralprojektion vermitteln den Eindruck, daß Sie, sobald Sie die Technik gelernt haben, sich auf wunderbare und exotische Abenteuerreisen begeben und weit entfernte Plätze erforschen können. Ich möchte Sie nicht entmutigen, und vielleicht gehören Sie zu den glücklichen Menschen, die eine natürliche Begabung für derartige Dinge haben, aber für die meisten ist die Wirklichkeit viel weniger spektakulär, als die Bücher implizieren. Doch wie sehr Sie auch geistig darauf vorbereitet sind und es geschehen lassen möchten, der Schock, sich selbst außerhalb des Körpers wiederzufinden, genügt gewöhnlich, um Sie dazu zu bringen, umgehend und mit großer Schnelligkeit zu Ihrer physischen Form zurückzukehren. Wenn es Ihnen gelingt, diese Angst zu überwinden, werden Sie wahrscheinlich nicht viel weiter kommen als in Ihren Garten hinter dem Haus.

Verzweifeln Sie nicht, wenn Sie diese Übung wochenlang durchgeführt haben und immer noch keinen Erfolg sehen. Durch regelmäßiges Üben richten Sie in Ihrem Unterbewußtsein die Idee ein, den Körper zu verlassen, und eines Abends könnten Sie vielleicht feststellen, daß Sie eine außerkörperliche Erfahrung machen. Erfolg stellt sich oft ein, wenn man ihn am wenigsten erwartet – und wenn Sie den Versuch aufgegeben haben!

- Vielleicht möchten Sie mit einem Freund oder einer Freundin ein Experiment anstellen, um zu sehen, ob Sie eine gemeinsame außerkörperliche Erfahrung machen können. Sowohl Sie als auch Ihr Freund oder Ihre Freundin sollten eine oder beide der oben erwähnten Übungen praktizieren, bis Sie das Gefühl haben, daß Sie sie einigermaßen beherrschen. Bestimmen Sie einen Abend, an dem Sie sich außerkörperlich treffen wollen. Wählen Sie einen Ort, den Sie beide kennen – es könnte das Schlafzimmer Ihres Freundes / Ihrer Freundin oder Ihr eigenes sein. Während Sie beide die Übung durchführen, konzentrieren Sie sich auf den anderen und wünschen Sie sich an den festgelegten Ort, oder falls Ihr Zimmer der gewählte Treffpunkt ist, senden Sie Ihre Gedanken aus, um Ihren Freund / Ihre Freundin zu sich zu ziehen. Auch wenn Sie sich am nächsten Tag austauschen und keine bewußte Erinnerung an die Begegnung haben, erzählen Sie sich etwaige Träume, die Sie vielleicht hatten, und finden Sie heraus, ob sie irgendwelche Besonderheiten gemein haben.

Es ist für jeden, der seine sensitiven Fähigkeiten entwickeln möchte, sehr lohnend, sich eingehend mit der Astralprojektion zu beschäftigen, für die Einsicht, die sie in die Funktionsweise Ihres spirituellen Seins gewährt. Träume sind ein weiterer faszinierender Untersuchungsbereich, weil sie mehr sind als bloße Phantasien. Sie sind unser Torweg in die unsichtbare Welt.

# 4. Mehr als ein Traum

## Was sind Träume?

Ein Drittel unseres Lebens verbringen wir schlafend. Bei denjenigen von uns, die an kalten Wintermorgen nur ungern aus den Federn steigen, kann es sogar noch mehr sein. Den größten Teil dieser Zeit träumen wir. Manche Menschen behaupten, sie würden nie träumen, aber es ist nur so, daß sie sich nicht daran erinnern können. Wissenschaftliche Untersuchungen haben einwandfrei nachgewiesen, daß jeder Mensch mehrmals pro Nacht träumt. Was also sind Träume genau?

Die Antwort auf diese Frage hängt davon ab, von welchem Standpunkt aus Sie an das Thema herangehen, von einem psychologischen oder einem paranormalen. Offensichtlich sind Träume bis zu einem gewissen Grad die Produkte unserer Imagination, gewebt aus den Ereignissen des Tages, unseren Gedanken, Wünschen und Ängsten. Sie sind unser Unterbewußtsein, das zu uns spricht und uns wertvolle Einsichten bereitstellen kann, obgleich diese in Symbole verpackt sein können, die schwer zu enträtseln sind. Manche Träume sind prophetisch oder geben zumindest verschleierte Hinweise auf künftige Ereignisse. Aber Träume enthalten noch ein weiteres Element. Manchmal sind sie undeutliche Erinnerungen an unsere Reisen in die geistige Welt.

## Eine paranormale Ansicht über den Schlaf

Wenn wir einschlafen, verläßt unser spiritueller Teil auf der Suche nach Regenerierung den physischen Körper. Wenn dies geschieht, betreten wir tatsächlich die geistige Welt, die, wie wir gesehen haben, sich nicht an einem fernen Ort befindet, sondern die ganze Zeit über nahe bei uns ist und unsere Welt durchdringt. Im Schlaf steigt unser Bewußtsein auf und nieder und kommt mit den vielen verschiedenen Dimensionen und Ebenen der geistigen Welt in Berührung. Wenn wir aufwachen, sind die meisten Erinnerungen daran verschwunden. Einige Eindrücke werden behalten, aber durch das Unterbewußtsein gefiltert, das sie mit seinen eigenen Phantasien kombiniert. Kein Wunder, daß Träume so oft verwirrend sind und sich jeder psychologischen Interpretation entziehen!

Einige der in Träumen erfahrenen Empfindungen werden durch die Aktivitäten des Astralkörpers hervorgerufen. Träume vom Schweben oder Fliegen, mit welchen Freudschen Nebenbedeutungen sie auch immer assoziiert werden, spiegeln die Bewegung des Astralkörpers wider, wie er frei vom physischen Körper umherschwebt. Das Unterbewußtsein registriert diese Bewegung und bindet sie in einen Traum ein, so daß wir träumen können, daß wir mit einem Flugzeug oder Ballon fliegen. Fallträume werden dadurch verursacht, daß der Astralkörper plötzlich in den physischen Körper zurückfällt. Wenn die beiden Körper zusammentreffen, werden wir durch den Schock wach, was der Grund dafür ist, warum wir immer aufwachen, bevor wir den Boden erreichen! Wenn wir gerade einschlafen und von einer plötzlichen Bewegung oder einem plötzlichen Geräusch aufgeschreckt werden, wird der Astralkörper abrupt zurückgetrieben. Das ist der Grund für das schockartige Gefühl, so als würde man auf einem Bürgersteig stolpern, was wohl den meisten bekannt ist.

## Träume und außerkörperliche Erfahrungen

Zwischen einem Traum und einer außerkörperlichen Erfahrung liegen buchstäblich Welten. Bei einer außerkörperlichen Erfahrung ist das Bewußtsein weiterhin aktiv. Der Astralwanderer setzt seine Willenskraft ein, um den Astralkörper vom physischen Körper loszulösen, und bleibt sich der weiteren Geschehnisse bewußt. Wenn er den Körper verläßt, ist seine Aufmerksamkeit nach wie vor auf die materielle Ebene des Lebens gerichtet, so daß er die Dinge sieht, die als physische Realität existieren.

Bei außerkörperlichen Erfahrungen, die im Schlaf auftreten, verhält es sich etwas anders. Die Trennung des Astralkörpers vom physischen Körper erfolgt, während das Bewußtsein »ausgeschaltet« ist und der Schlafende also nicht merkt, was geschieht. Wenn sich das Bewußtsein während der Astralprojektion wieder »einschaltet«, wird dem Schlafenden sein Zustand bewußt, und er erkennt, daß er außerhalb des Körpers ist. Er sagt dann, er habe eine außerkörperliche Erfahrung gemacht. Tatsächlich tut er aber nur das, was er jede Nacht unbewußt tut.

Während des normalen Schlafes ruht das Bewußtsein. Wir sagen, wir seien »unbewußt«, aber tatsächlich funktionieren wir auf einer anderen Bewußtseinsebene, auf der wir mit der ätherischen Ebene und der Astralebene Kontakt haben.

## Träume und die ätherische Ebene

In Kapitel 1 wird die ätherische Ebene als das Niemandsland zwischen unserer physischen und der geistigen Welt beschrieben. Man könnte sie als Traumland der Astralwelt bezeichnen. Sie ist gleichfalls unser Traumland. Während wir im Schlaf durch diese Ebene dahinwandern, nehmen wir ihre flüchtigen Anblicke und Geräusche wahr, aber weil das Bewußtsein hier getrübt ist, ist alles schattenhaft und verzerrt. Hier können wir Menschen begegnen, die wie wir schlafen und außerhalb des Körpers sind. Hier können wir auch Geistmenschen begegnen, aber wir werden keinen verständlichen Kontakt zu ihnen haben. Wir ziehen aneinander vorbei wie Schiffe in einer nebligen Nacht, nur vage der Existenz der anderen bewußt.

Wir haben gesehen, daß Seelen nach dem Tod auf ihrem Weg in die geistige Welt die ätherische Ebene passieren. Die Situation ist ähnlich, wenn wir schlafen. Wir können die ganze Nacht auf der ätherischen Ebene verbringen. Aber manchmal erhebt sich unser Bewußtsein auf die Ebene der Astralwelt, wo das Bewußtsein klar wird. Es ist so, als wären wir über den Tod hinausgegangen. Also noch einmal: Wenn wir aufwachen, haben wir gewöhnlich alles vergessen. Wenn wir in den Körper zurückkehren, müssen wir durch die ätherische Ebene hinabsteigen, und hier besteht die Neigung, daß die Erinnerung verwischt wird, so wie ein Band gelöscht wird. Aber einige Menschen, die sich in der Kunst der Astralprojektion geschult haben, nutzen sie als einen Weg, um die geistige Welt zu erforschen.

Berichte über solche Expeditionen sind denen von Menschen mit einer Nahtoderfahrung und Geistkommunikatoren auffallend ähnlich. Sie sprechen von der Schönheit der Umgebung und ihrer Ähnlichkeit mit der Erde in einer idyllischen Form. Einer der bekanntesten Autoren auf diesem Gebiet ist Robert Monroe, der seine Abenteuer in dem Buch *Der Mann mit den zwei Leben* ausführlich schildert.

*Monroes Schauplätze*

Monroe unterscheidet drei Regionen. Die erste, die er »Schauplatz I« nennt, definiert er als »das Hier und Jetzt«. Das ist die gewöhnliche physische Welt. Auch wenn er manchmal in der Lage ist, viele Meilen von seinem Haus entfernt zu reisen, um Menschen auf der physischen Ebene zu besuchen und ihnen gelegentlich sogar seine Präsenz bewußt zu machen, begegnet ihm selten etwas oder jemand von geistiger Natur. Auf dieser physischen Ebene erlebt er die Art von außerkörperlicher Erfahrung, mit der Forscher vertraut sind. Obgleich er im Astralkörper weilt, ist sein Bewußtsein auf die materielle Welt gerichtet, und sie ist es also, die er sieht.

Manchmal findet er sich aber in einer völlig anderen Umgebung wieder, die er als »Schauplatz III« bezeichnet. Das ist eine verwirrende Region, der Erde ähnlich und doch nicht ganz so wie sie, bevölkert von Männern und Frauen, die ein gewöhnliches Leben führen. Er vermag die genaue Lage dieser Region nicht zu bestimmen, und mir ist kein anderer Astralwanderer bekannt, der behauptet, sie gefunden zu haben. Seiner Vermutung nach könnte es eine Art Parallelwelt sein, aber ich glaube, es könnte sich um eine der zahlreichen Regionen der astralen Dimension handeln, da gesagt wird, daß einige der nahe der Erde befindlichen Ebenen unserer Welt überraschend ähnlich sind.

Er beschreibt das Passieren der ätherischen Ebene, die er als einen »nebligen Ort« erlebt, an dem er mit anderen Schlafenden und auch mit Verstorbenen, die noch nicht auf die Astralebene weitergegangen sind, in Berührung kommt. Hier begegnet er auch dämonischen Wesen, da Teile der ätherischen Ebene, wie er herausgefunden hat, einen Höllenaspekt haben, der zweifellos einige unserer schlimmen Träume und Alpträume hervorruft.

Aber jenseits der Nebel tritt er in das ein, was er »Schauplatz II« nennt. Dieser ist sofort als die astrale oder geistige Welt erkennbar.

> Für mich war es ein Ort oder Zustand des reinen Friedens und des hohen Glücksgefühls. Es war, als schwebe man in warmen weichen Wolken, wo es kein Oben und kein Unten gibt, wo keine Materie für sich selbst existiert. Die Wärme umgibt einen nicht nur, sie gehört einem und durchdringt einen. Die Wahrnehmung ist von der »vollkommenen Umgebung« geblendet und überwältigt.[1]

Er weist darauf hin, daß diese Welt der Erde in vielerlei Hinsicht ähnelt, aber daß die Zeit, wie wir sie kennen, dort nicht existiert. Alle Gebrauchsgegenstände und in der Tat die ganze Umgebung werden mittels Gedankenkraft erschaffen. Einmal fand er sich in einer parkähnlichen Gegend wieder, wo Hunderte von Männern und Frauen, alles Fremde für ihn, vorüberschlenderten, manche wirkten verwirrt, einige ruhig und wiederum andere ängstlich. Er erfuhr, daß dies ein Ort der Begegnung war, wo kürzlich Verstorbene von Freunden und Verwandten empfangen und an den Platz gebracht wurden, an den sie gehörten.

Die Schönheit dieser Welt bewegte ihn sehr. Es schien ihm, als wäre er zu Hause angekommen. Er spricht von seinem Widerwillen, in den Körper zurückzukehren, und von der heftigen Sehn-

1 Robert A. Monroe, *Der Mann mit den zwei Leben. Reisen außerhalb des Körpers* (Interlaken: Ansata-Verlag, 1983), S. 113.

sucht, an der er noch tagelang danach litt. Er kommt zu dem Schluß, daß die Astralwelt unsere natürliche Umwelt ist und daß der Astralkörper, sobald er den physischen Körper verläßt, sich dorthin zurückbegeben wird, sofern er nicht von der Zugkraft des irdischen Bewußtseins zurückgehalten wird.

Auch Menschen mit Nahtoderfahrungen haben gesagt, daß sie die Astralwelt nur ungern verlassen haben und zur Erde zurückgekehrt sind. Und das ist einer der Gründe, warum wir schlafen müssen. Wie ein Taucher, der nach oben kommt, um Luft zu schnappen, müssen wir in unsere geistige Heimat zurückkehren, um uns »aufzuladen«. Manchmal erinnern wir uns teilweise daran und wachen mit dem Gefühl auf, an einem schönen Ort gewesen zu sein – wenn wir uns doch nur erinnern könnten, wo das war! Aber vielleicht ist es ganz gut, daß bei der Rückkehr durch die ätherische Ebene die Erinnerung gelöscht wird, denn sonst wäre es schwer, in dieser Welt zufrieden zu sein, die im Vergleich dazu alles andere als reizvoll ist.

## Begegnungen auf astraler Ebene

Während wir uns im Schlafzustand befinden, begegnen wir in der geistigen Welt häufig denen, die wir kennen. Diese Begegnungen finden auf unterschiedliche Weise und in verschiedenen Dimensionen statt. Sie können großen Trost bringen, sind aber oft verwirrend, weil wir uns nur an zusammenhanglose Bruchstücke erinnern können. Eine interessante Geschichte schickte mir Pamela Emson zu, die ihrer Großmutter in einem, wie es schien, unglaublich lebhaften Traum begegnete.

> Ich spürte, wie ich mich ein paar Sekunden lang abwärts bewegte, dann stellte ich fest, daß ich draußen war, nicht weit von dort entfernt, wo meine Großmutter gelebt hatte. Es war dunkel, und ich war überrascht, mich dort wiederzufinden. Dann wurde mir klar, daß mein Körper nicht bei mir war – ich war eine Lichtkugel mit einem Durchmesser von etwa zwanzig Zentimetern. Ich schwebte etwa einen Meter zwanzig über

dem Boden. Zuerst war ich unsicher, was ich tun sollte, aber bald begriff ich, daß ich mich in jede Richtung bewegen konnte, einfach indem ich an sie dachte. Ich begann, mich sehr schnell vorwärtszubewegen, und war über diese Geschwindigkeit verblüfft. Ich spürte den Wind um mich. Ich folgte der Straße bis zum Haus meiner Großmutter. An der Tür zögerte ich – sie war offen, so wie immer, wenn sie mich erwartet hatte, aber ich wußte, daß sie gestorben war. Trotzdem wollte ich sie sehen und trat ein. Ich war verwirrt, als ich sah, daß das Haus, das ich mit meiner Mutter geräumt hatte, ganz genauso aussah wie damals, als meine Großmutter es bewohnt hatte. Ich glaube, zu dem Zeitpunkt wurde ich mehr zu dem »Ich«, an das ich gewöhnt bin, mit einem Körper, aber ich bin nicht sicher. Ich rief nach ihr, wie ich es normalerweise getan hatte, und wie üblich antwortete sie: »Komm herein, meine Liebe, ich bin in der Küche.« Ich wartete im Wohnzimmer, und einen Augenblick später trat meine Großmutter ins Zimmer. Sie stand vor mir, und ich freute mich sehr, sie zu sehen. Sie fragte: »Sehe ich noch genauso aus?« Ich bejahte das, der einzige Unterschied war ihre Größe – sie war sehr viel größer. Als ich es ihr sagte, gab sie zurück, sie habe das noch nie zuvor getan. Allmählich wurde sie kleiner, bis sie annähernd ihre normale Größe erreicht hatte. Wir verbrachten, wie es schien, eine ziemlich lange Zeit zusammen, und ich weiß, daß wir uns unterhielten, aber leider kann ich mich nicht mehr daran erinnern, worüber. Ich wünschte, ich könnte es. Nach einer Weile wurde ich mir der Seltsamkeit der Situation bewußt, und eine Woge der Panik überkam mich. Ich sagte meiner Großmutter, daß ich mich verängstigt fühlen würde und gehen müßte. Sie erhob sich und sagte: »Bevor du gehst, möchte ich, daß du jemanden kennenlernst.« Sie drehte sich um, und neben ihr stand eine Frau, die mich anlächelte. Sie war sehr still und nicht so »real« wie meine Großmutter, so als würde ich sie durch Rauchglas betrachten. Von Fotos bin ich mir ganz sicher, daß es die Schwester meiner Großmutter war, die vier Jahre vor meiner Geburt starb. Bei diesem Anblick überwältigte mich die Panik, und ich verschwand. Ich erinnere mich noch daran, daß ich das Haus als Lichtkugel verließ, dann an nichts mehr.

Die Geschichte veranschaulicht, wie verwirrend diese Begegnungen oft sind. Ich bin sicher, daß Pamela wirklich ihrer Großmutter begegnet ist, aber damit scheint ein Traumelement verbunden zu sein, oder vielleicht hat ihre Großmutter mittels Gedankenkraft das Haus, in dem sie zu leben pflegte, neu erschaffen – wer weiß?

Tendenziell treten die Astralbegegnungen in der Zeit unmittelbar nach dem Tod eines geliebten Menschen am lebhaftesten und am häufigsten auf. Das ist nicht verwunderlich, weil zu der Zeit die Person noch sehr nahe bei der Erde und möglicherweise darauf bedacht sein wird, mit jenen, die sie zurückgelassen hat, womöglich Kontakt aufzunehmen. Das kann ihr bester und einziger Weg des Kommunizierens sein. In unserem normalen Wachzustand sind wir uns ihrer Präsenz nicht bewußt, aber wenn wir den Körper verlassen und auf die von ihnen bewohnte Astralebene aufsteigen, können wir uns begegnen, ohne daß ein Hindernis dazwischenliegt. Von ihrem Standpunkt aus muß die Schwierigkeit darin bestehen, uns dazu zu bringen, daß wir uns am nächsten Morgen daran erinnern!

Träume und astrale Begegnungen können in sehr verwirrender Weise miteinander verwoben sein, da unser Bewußtsein zwischen zwei Ebenen hin- und herschwankt. Eine Konsultantin beschrieb mir, was sie als »einen Traum, der mehr war als ein Traum« über ihren Vater bezeichnete, der kurz zuvor gestorben und dem sie sehr zugetan war.

»Ich konnte ihn in der Ferne sehen«, erzählte sie mir, »und ich wußte, er versuchte, mir etwas zu sagen, aber ich konnte die Worte nicht verstehen. Ich schien in einem Nebel zu sein. Je mehr ich versuchte, ihn zu erreichen, um so weiter entfernte er sich. Glauben Sie, daß ich ihn wirklich gesehen habe?«

Ich konnte es ihr nicht mit Gewißheit sagen. Oft ist es unmöglich, Träume von der Wirklichkeit zu trennen, und natürlich sind viele Träume nicht mehr als das Produkt unserer Phantasie. So wie bei der außerkörperlichen Erfahrung muß sich die betreffende Person von ihrem intuitiven Gefühl dafür, was wahr ist, leiten lassen. In diesem besonderen Fall jedoch sagt mir mein Gefühl, daß diese Frau ihren Vater sah, aber daß sie nicht klar mit ihm kommunizieren konnte, da ihr Bewußtsein auf der ätherischen Ebene (der Nebel, den sie beschrieb) funktionierte.

## Erfahrungen mit der geistigen Welt

Jene seltenen Gelegenheiten, bei denen wir im Schlaf einen flüchtigen Blick in die geistige Welt erhaschen und eine klare Erinnerung zurückbringen, sind eine schöne Erfahrung und eine, die man nie mehr vergißt.

Mary Poulton machte eine solche Erfahrung, die ihr Leben veränderte. Ihr dreiundzwanzigjähriger Bruder war bei einem Unfall ums Leben gekommen, und Mary, die ihm sehr nahe gestanden hatte, konnte sich mit seinem Tod nicht abfinden. Ein Medium riet ihr, sie sollte ihre übermäßige Trauer einstellen und ihren Bruder loslassen, damit er weitergehen könnte.

> Ein paar Wochen später hatte ich einen Traum. Ich bezeichnete es als Traum, obwohl ich nicht weiß, ob ich schlief oder wach war. Ich sah einen Mann in einer weißen Robe am Bett stehen. Er sagte: »Ich werde dich mitnehmen, damit du siehst, wo dein Bruder leben wird!« Innerhalb weniger Sekunden fand ich mich an einem wunderschönen Platz wieder, der einem Klostergarten glich. Dort gab es Nonnen. Eine von ihnen sagte zu mir: »Hierher wird dein Bruder kommen, um zu ruhen. Man wird sich um ihn kümmern, aber du mußt ihn zuerst loslassen.« Die Nonne sagte, sie würde mich für eine Weile allein lassen. Ich konnte mich an dem Platz umschauen, aber mir war nicht erlaubt, eine gewisse Grenze in der Ferne zu überschreiten, auf die sie zeigte.

Natürlich gewann Marys Neugier die Oberhand, und sie konnte nicht widerstehen nachzusehen, was hinter der Grenze lag. Im Gegensatz zu dem Garten war es ein trostloser, verlassener Ort.

Später erfuhr sie, daß dies eine der niederen Regionen der astralen Dimensionen gewesen sein muß, aber zu der Zeit besaß sie dieses Wissen nicht. Sie geriet in Panik und rief nach der Nonne, die sie in den Garten zurückführte. Dann kam der Mann in der Robe und brachte sie wieder nach Hause.

> Ich sah den Raum und sah mich auf dem Bett liegen. Ich spürte, wie ich in den Körper zurückglitt. Der Mann sagte zu mir: »Irgendwann in der Zukunft werden wir uns wieder begegnen.« Danach war ich ein anderer Mensch. Ich konnte damit aufhören, um meinen Bruder zu trauern und mir selbst leid zu tun.

Zu der Zeit wußte Mary nichts von Medialität, aber viele Jahre später, als sie begann, als Medium zu arbeiten, sah sie den Mann wieder. Er war und ist immer noch einer der Geisthelfer, der mit ihr arbeitet.

Kurz nachdem mein Vater starb, hatte ich eine Erfahrung, die so real war, daß sie mir, auch wenn sie mehr als zwanzig Jahre zurückliegt, bis zum heutigen Tag in Erinnerung geblieben ist. Ich ging eine dunkle, schmale Straße hinunter, die, wie ich wußte, das ätherische Niemandsland war. Überall um mich herum waren undeutliche Gestalten, die mich nervös machten, und ich begann zu laufen. Dann erkannte ich, daß meine Großmutter, die gestorben war, als ich sieben war, neben mir stand. Das beruhigte mich, und wir gingen zusammen weiter.

Plötzlich wurde der Ort hell, als hätte jemand ein starkes Licht eingeschaltet. Ich trat in eine schöne Landschaft hinaus. Alles strahlte vor Lebendigkeit. Die Vögel hatten exotische Gefieder in leuchtenden Farben. Es herrschte ein Gefühl von unendlicher Weite, Freiheit und Frieden. Dann sah ich meinen Vater dastehen. Ich war so außer mir vor Freude, daß ich meine Arme um ihn warf. Er war völlig real und greifbar und sah genauso aus, wie ich ihn in Erinnerung hatte, bevor er erkrankte. Wir unterhielten uns eine Zeitlang, aber ich kann mich nicht mehr daran erinnern, was er sagte. Er stellte mir jemanden vor, dem ich nie begegnet war. Ich streckte meine Hand aus, um sie dieser Person zu geben ... dann plötzlich wachte ich im Bett auf und wünschte, daß ich dort für immer hätte bleiben können.

Menschen mit paranormalen Fähigkeiten neigen dazu, häufiger Astralreisen zu unternehmen und sich besser daran zu erinnern, weil ihre Gedanken auf die spirituelle Dimension eingestimmt sind und, da der Astralkörper mittels Gedankenkraft gelenkt wird, ihre Gedanken sie dorthin bringen werden. Aber Sie brauchen kein Medium oder ein paranormal begabter Mensch zu sein, um Erfahrungen dieser Art zu machen. Liebe ist die Grundlage aller geistigen Kommunikation, und dort, wo ein Band der Zuneigung zwischen jemandem auf Erden und jemandem in der geistigen Welt besteht, werden sie durch diese Verbindung zusammenkommen.

Dennoch beeinflussen Ihre Gedanken beim Einschlafen in hohem Maße, wohin Sie gehen und was Sie auf den geistigen Ebenen erfahren. Wenn Sie also geliebten Menschen auf der Astralebene begegnen und Ihre Begegnung im Gedächtnis behalten möchten, müssen Sie sich darauf vorbereiten.

- Versuchen Sie, ein paar Minuten zu meditieren, bevor Sie ins Bett gehen (eine Meditationsübung wird in Kapitel 7 beschrieben). Lassen Sie bewußt die Sorgen und Ärgernisse des Tages los, und erlauben Sie Ihrem Geist, ruhig und friedlich zu sein. Senden Sie Ihre Gedanken an jene in der geistigen Welt, die Sie lieben, und bitten Sie sie, bei Ihnen zu sein.
  Vielleicht liegt Ihnen daran, mit der Technik von Fox zu experimentieren, um eine Astralprojektion herbeizuführen, wie sie am Ende des dritten Kapitels beschrieben wird. Zwingen Sie sich dazu, während des Traums »aufzuwachen«, und sehen Sie, was passiert.

## Traumtagebücher

Jeder kann sich darin üben, sich an seine Träume zu erinnern, wenn er genügend Geduld und Entschlossenheit aufbringt. Die Übung ist der Mühe wert, weil Träume uns so viel zu lehren haben, sowohl was ihren psychologischen als auch paranormalen Aspekt betrifft.

Eine geeignete Möglichkeit, damit anzufangen, besteht darin, ein Traumtagebuch zu führen. Legen Sie ein Notizbuch neben Ihr Bett, und sobald Sie morgens oder mitten in der Nacht aufwachen, schreiben Sie alles nieder, was Sie von Ihren Träumen ins Gedächtnis zurückrufen können. Es spielt überhaupt keine Rolle, wie bruchstückhaft oder trivial es ist. Es geht darum, Ihr Bewußtsein darin zu trainieren, sich an alles zu erinnern, was im Traumzustand vor sich geht.

Als alternative Methode stellen Sie einen Kassettenrecorder neben sich und sprechen ins Mikrofon; dann können Sie das Aufgenommene in aller Ruhe tagsüber zu Papier bringen. Das funktioniert oft besser, da Träume sehr zerbrechliche Gebilde sind, und der bloße Akt, sich aufzurichten und nach Stift und Papier zu greifen, kann sie vollständig aus Ihrem Kopf vertreiben.

Wenn Sie ein Tagebuch führen, werden Sie anfangs möglicherweise sehr wenig einzutragen haben. In einigen Nächten fehlt Ihnen vielleicht jede Erinnerung. Aber wenn Sie unbeirrt damit fortfahren, werden Sie sich allmählich mehr und mehr erinnern, und Ihre Träume werden eine lebhaftere Qualität annehmen.

Träume und Astralreisen zeigen, daß wir mehr sind als der physische Körper, mehr als das Gehirn. Wir sind Eisbergen gleich: Nur die Spitze, das Bewußtsein und der physische Körper, ist für unsere normalen Sinne wahrnehmbar. Unter der Oberfläche jedoch liegen unergründliche Tiefen. Ob wir es akzeptieren oder nicht, wir alle stehen mit der spirituellen Dimension in Verbindung. Um uns das zu beweisen, brauchen wir keine Kurse über mediale Entwicklung zu belegen oder uns in tiefer Meditation zu verlieren. Wir müssen lediglich unsere spirituellen Augen öffnen.

# 5. Näher als Hände und Füße

Haben Sie jemals eine Präsenz gespürt, eine übernatürliche Stimme gehört oder ein Geistwesen gesehen? Wenn ja, dann sind Sie nicht ungewöhnlich. Diese spontanen Kontakte mit der geistigen Welt passieren häufiger, als man denkt, und zwar nicht nur Sensitiven, sondern gleichfalls Menschen, die sich für völlig materialistisch halten und nicht einmal an ein Leben nach dem Tod glauben. Die geistige Welt ist immer um uns herum und durchdringt die unsrige. Wir betreten sie, wann immer wir schlafen, und sind sowieso mit ihr verbunden, weil wir in unserer Essenz geistige Wesen unter diesen physischen Mänteln sind. Es erfordert also nicht viel, lediglich eine leichte Öffnung des Geistes, eine kleine Bewußtseinsveränderung, um den Schleier zu lüften, damit wir einen flüchtigen Blick in die höhere Dimension erhaschen können.

Kleine Kinder sind sich oft auf natürliche Weise der geistigen Welt bewußt. Ihre imaginären Spielgefährten können Geistkinder sein. Für ein Kind ist es nichts Ungewöhnliches, beispielsweise den verstorbenen Großvater zu sehen und ganz glücklich mit ihm zu plaudern. Erst wenn Kinder den Erwachsenen in ihrer Umgebung davon erzählen, die darauf entsetzt reagieren, beginnen sie sich zu fürchten.

Als ich klein war, war ich mir häufiger geistiger Präsenzen bewußt. Meine Großmutter starb, als ich sieben Jahre alt war, aber für mich war es so, als wäre sie immer noch da. Ich unterhielt mich im Geiste mit ihr und erzählte ihr meine Probleme, so wie ich es getan hatte, als sie noch auf Erden war. Ich vernahm zwar nie ihre Antwort, aber ich war sicher, daß sie mich hörte und verstand. Ich fürchtete mich nicht vor ihr, ihre Präsenz war herzlich und tröstlich; aber meine Familie war beunruhigt, als ich ihr davon erzählte, und so beschloß ich, dieses Thema nie wieder zur Sprache zu bringen.

Im Erwachsenenalter ist es die Angst, die uns von der geistigen Dimension abriegelt. Dadurch und durch die Weigerung zu glauben, daß sie existiert, wird eine Mauer aufgebaut, die die medialen Sinne verkrüppeln läßt. Aber manchmal bricht die unsichtbare Welt durch die Mauer hindurch. Das kann durch starke Emotionen ausgelöst werden, durch die Sehnsucht, jemanden auf der anderen Seite des Lebens zu erreichen, oder durch deren Sehnsucht, jemanden hier zu erreichen. Es kann auch passieren, wenn wir entspannt sind, weil dann das Bewußtsein seine Wachsamkeit fallenläßt und Eindrücke durchsickern können.

## Geistige Wesen sehen

Es gibt viele Arten von Kontakt mit der geistigen Welt, die von vollentwickelten Visionen bis hin zu dem vagen, schwer definierbaren Spüren einer Präsenz reichen. Das offensichtlichste Beispiel dafür ist, einen Geist zu sehen, wie es Joy Cooke passierte, die eine geheimnisvolle Frau sah, als sie sich in einem kleinen Landhaus aufhielt, das ihre Eltern für den Sommer gemietet hatten.

> Wir mußten die Schlüssel von dem Grundstücksverwalter in dem schönen, ländlichen kleinen Dorf »einen Katzensprung vom Meer entfernt« holen, und er sagte: »Sie werden den Platz bestimmt mögen, er ist gut gepflegt. Die Besitzerin vermachte ihn ihren lebenslangen Freundinnen – drei Schwestern, die in der Nähe leben –, und sie gehen jeden Tag dorthin, um die Fenster zu öffnen und nach dem Garten zu sehen.«
> Es war Liebe auf den ersten Blick, kaum daß wir das kleine malerische, strohgedeckte Landhaus erblickt hatten! Wir wurden am Tor von einer Dame mit strahlenden Augen empfangen, die sagte: »Kommen Sie herein. Ich werde Ihnen alles zeigen.« Wir konnten eine der Schwestern sehen, die im Garten Unkraut jätete; sie lächelte uns freundlich zu.

Im ersten Stockwerk, während meine Mutter mit der Dame plauderte, ging ich zum Schlafzimmerfenster hinüber und sah hinaus in den großen Garten. In einer entlegenen Ecke lag ein natürlicher Teich, und auf einer Bank unter einer Weide mit herabhängenden Ästen saß eine ältere Dame, die einen großen Strohsonnenhut trug und einen Pekinesen streichelte.
Als wir zu dem Grundstücksverwalter zurückgingen, um die Schlüssel abzugeben und das Ferienhaus zu buchen, meinte er: »Ja, alle im Dorf waren traurig, als die alte Mrs. Sanderson starb – sie war schon ein Original. Jeden Tag ging sie im Garten spazieren und trug einen Sonnenhut, gleichgültig, wie das Wetter war, und ohne ihren kleinen Pekinesen ging sie nirgendwohin.«

Gespenster der traditionellen Sorte, wie zum Beispiel kopflose Damen und kapuzentragende Mönche, sind in unserem technologischen Zeitalter wirklich sehr rar. Bei den meisten Gespenstern handelt es sich, wie bei dem von Joy Cooke, um gewöhnliche Männer und Frauen, die in der jüngeren Vergangenheit auf Erden gelebt haben. Ich nenne sie niemals »Gespenster«, da dieses Wort eine Haltung der Ungläubigkeit, gepaart mit Angst, hervorruft. Ich bezeichne sie lieber als Geistmenschen, weil es dem entspricht, was sie sind – Menschen, die sehr menschliche Gefühle und Eigenschaften behalten und deren Dimension des Lebens nur einen kleinen Schritt von unserer eigenen entfernt ist.

Sicherlich meinen sie es nicht böse mit uns, aber trotzdem ist es sehr erschreckend, wenn man plötzlich einen sieht. Es erschreckt sogar mich immer noch, und ich bin immerhin ein Medium! In der Zeit, als ich begann, meine Medialität zu entwikkeln, passierte mir das sehr oft. Ich ging beispielsweise eine Straße hinunter und dachte dabei nicht einmal an irgend etwas Paranormales, als ich plötzlich jemanden vor mir stehen sah. Es dauerte vielleicht nur einen Augenblick, aber in dieser kurzen Zeit sahen sie so real und echt aus, daß mir nicht klar war, daß sie nicht aus Fleisch und Blut waren – bis sie genauso plötzlich wieder verschwanden. Ich begriff nicht, warum das passierte.

Warum erschienen mir diese Leute, wenn ich es am wenigsten erwartete und nicht in meiner Entwicklungsgruppe war, in der ich doch eigentlich versuchte zu sehen? Und warum sah ich Fremde und keine mir nahestehenden Personen wie meinen Vater und meine Großmutter?

Ich zog ein älteres Medium zu Rate, das mir die Antwort gab. Sie erklärte mir, daß, wenn man eine natürliche mediale Begabung hat, diese aber nicht einsetzt, sich die Energie von Zeit zu Zeit wie der durch Dampf erzeugte Druck in einem Kessel erhöht. Man wird dann blitzartige Augenblicke des Gewahrseins erfahren, die aus heiterem Himmel zu kommen scheinen. Was man in dieser Zeit sieht oder hört, ist völlig dem Zufall überlassen. Man kann Leute, die man sehr gut kennt, sehen und sich wundern, warum sie ausgerechnet diesen Augenblick wählen, um sich vor einem zu manifestieren. In Wirklichkeit sind sie wahrscheinlich häufig präsent, aber man ist sich ihrer normalerweise nicht bewußt, und höchstwahrscheinlich sind sie genauso überrascht, gesehen zu werden, wie man selbst, sie zu sehen. Aber man kann genausogut einen Fremden sehen, nicht weil er von irgendeiner persönlichen Bedeutung ist, sondern weil er in dem Augenblick gerade zufällig da ist.

Diese vorübergehenden plötzlichen Aktivitäten der psychischen Energie bewirken bei einem Menschen, daß sich seine Bewußtseinsebene erhöht, um sie mit der spirituellen Dimension in Einklang zu bringen. Natürliche Medien werden mit einem automatischen »heißen Draht« zur geistigen Welt geboren. Sie können sogar unfähig sein, ihr Gewahrsein abzuschalten, und Schwierigkeiten haben, sich in dieser Welt zu verankern. Manche Medien, die nicht so gut eingestimmt sind, müssen als erstes lernen, wie sie ihre Wahrnehmung erhöhen können.

Es war für John McCormack die Überraschung seines Lebens, als er in einem dieser blitzartigen Augenblicke seine Großmutter sah.

Ich liebte meine Großmutter sehr, und sie liebte mich, aber wir hatten einen Streit, woraufhin sie nicht mehr mit mir sprach. Als ich sechzehn Jahre alt war, hatte ich etwas getan, worüber sie sich sehr geärgert hatte. Leider war sie sehr nachtragend und wies meine vielen Versöhnungsversuche ab. Einige Jahre später, im November 1954, starb sie, als ich als amerikanischer Soldat in Deutschland stationiert war. Es ging mir sehr schlecht, weil sie gestorben war, bevor wir eine Chance hatten, uns zu versöhnen. Offensichtlich ging es ihr genauso, denn sie kam zurück.

An einem hellen, warmen, sonnigen Samstag, es war Ende Mai oder Anfang Juni 1956, ging ich etwa um elf Uhr morgens eine belebte Straße in New York entlang. Ich steuerte auf ein nahe gelegenes Café zu, um dort zu frühstücken. Während ich ging, sah ich flüchtig zu meiner Rechten auf den Fahrweg, die vorbeifahrenden Autos und die Geschäfte und die Leute auf der anderen Straßenseite, alles lag im Sonnenschein. Die Straße war vielleicht zwölf bis fünfzehn Meter breit und bot Platz für zwei Parkstreifen und vier Fahrsteifen. Direkt mir gegenüber auf der anderen Seite stand meine Großmutter am Straßenrand. Nun ja, das ließ mich abrupt stehenbleiben. Da stand sie mit ihrem Einkaufswägelchen, ihrem schwarzen Hut, ihrem schwarzen Mantel und ihren schwarzen Schuhen – so wie sie immer aussah, wenn sie einkaufen ging. Sie sah mich nicht direkt an, Gott sei Dank, denn inzwischen war ich wirklich nervös.

Es war eine belebte Straße, aber von diesem Augenblick an schien ich den Verkehr nicht mehr wahrzunehmen. Ich erinnere mich nicht daran, in die eine oder andere Richtung vorbeifahrende Autos gesehen zu haben. Nur meine Großmutter, die dort stand und darauf wartete, die Straße überqueren zu können. Dann begann sie, über die Straße zu laufen, und ich wäre beinahe gestorben! Ich spürte förmlich, wie sich mir die Haare sträubten. Zum Glück überquerte sie die Straße nicht geradewegs, sondern schräg zu meiner Linken (ihrer Rechten) und behielt den gleichen Abstand von mir auf meiner Straßenseite bei und ging in das Geschäft Woolworth, in dem meine Mutter zur Zeit arbeitete. Sobald meine Großmutter außer Sicht war, machte ich auf dem Absatz kehrt und lief gleich um die Ecke in den nächsten Pub!

Einige Zeit danach begann er zu hören, wie sie ihn beim Namen rief. Das geschah nachts, wenn alles ruhig war oder wenn er an nichts Bestimmtes dachte. Schließlich kam er zu der Überzeugung, daß sie versuchte, ihm zu sagen, daß es ihr leid täte wegen ihres Streites, so daß er zu ihr sprach und sagte, daß er sie liebe und ihr verzeihe. Danach sah und hörte er nichts mehr von ihr.

Wir haben gesehen, daß die Toten aus vielerlei Gründen zurückkommen und manchmal, wie John McCormacks Großmutter, mitteilen, daß ihnen etwas leid tut, was sie auf Erden getan haben, oder mit jemandem, mit dem sie im Streit lagen, Frieden schließen wollen. Sie können tiefe Reue über die Verletzung empfinden, die sie verursacht haben, besonders da sie nach dem Tode klarere Einsichten haben und die Wirkung ihrer Worte und Handlungen auf andere besser zu verstehen vermögen.

Wenn ich eine Sitzung abhalte, passiert es oft, daß ein Kommunikator voller Reue zurückkehrt. Ein Mann, der seine Familie »sitzengelassen« hatte, kam zu seiner Tochter durch und teilte ihr mit, daß er es zutiefst bedauere, ihr Leben ruiniert zu haben. Seine Tochter machte gerade eine ähnliche Situation durch; ihr Mann, mit dem sie viele Jahre zusammengewesen war, hatte sie gerade verlassen. Zum ersten Mal war sie imstande, ihrem Vater zu verzeihen, und er versprach, alles zu tun, was er konnte, um ihr zu helfen.

Eine andere Konsultantin war weniger aufgeschlossen, als ich ihr ihre Mutter zurückbrachte.

»Sie war sehr lieblos gegen mich, als sie noch lebte«, sagte sie mir kalt, »und jetzt will ich nichts mehr von ihr hören, sagen Sie ihr also, sie soll verschwinden!«

Vielleicht hatte sie gute Gründe dafür, so zu fühlen, aber ich fand es schade, daß sie ihr Herz auf diese Weise verhärtete. Ich konnte die Reue ihrer Mutter und ihr Gefühl, abgelehnt zu werden, spüren. Wäre sie in der Lage gewesen zu vergeben, hätten sie beide ihren Seelenfrieden gefunden.

Eine Person, die plötzlich gestorben ist, wird oft ein starkes Verlangen haben, Kontakt zu Hinterbliebenen herzustellen. Deren plötzliches Verschwinden wird ihr ebenfalls einen Schock versetzt haben. Konsultanten, die einen unerwarteten Verlust erlitten haben, sagen also oft zu mir: »Hätten wir doch nur die Möglichkeit gehabt, uns zu verabschieden!« Die Person in der geistigen Welt empfindet gewöhnlich genauso. Sie muß ihre Liebe zum Ausdruck bringen und die Worte sagen, die unausgesprochen geblieben sind. Vielleicht möchte sie auch praktische Ratschläge geben, die mit der Regelung ihrer Angelegenheiten zu tun haben.

Menschen mit Nahtoderfahrungen haben beschrieben, wie es ist, wenn man Leute auf Erden zu sehen vermag, aber unfähig ist zu bewirken, daß man gesehen oder gehört wird. Jene, die gestorben sind, erfahren eine ähnliche Frustration, wenn sie wissen, daß ihre Familien um sie trauern und sie ihnen nicht verständlich machen können, daß sie in einer anderen Dimension noch am Leben sind. Es hilft ihnen außerordentlich, wenn sie Kontakt herstellen können und ihre Präsenz anerkannt wird. Die geistige Welt ist schöner und glücklicher als diese, aber die Geistmenschen haben noch immer ihr altes, sehr menschliches Selbst und fühlen die gleichen Emotionen wie wir.

## Eine geistige Präsenz wahrnehmen

Sie müssen gar nicht besonders begabt sein, um eine geistige Präsenz in Ihrem Haus wahrzunehmen. Es passiert die ganze Zeit über. Dieses Gewahrsein tritt unterschiedlich in Erscheinung. Sie können etwas aus den Augenwinkeln heraus sehen, und wenn Sie sich dann umdrehen, ist niemand da. Oder Sie hören eine Stimme, die Ihren Namen ruft, entweder als ein von außen kommender Ton oder als eine Stimme in Ihrem Kopf. Andere bekannte Anzeichen sind das Gefühl, beobachtet zu werden, oder das Riechen eines vertrauten Geruchs.

Gelegentlich kann es zu paranormalen Phänomenen im Haus kommen, wie zum Beispiel Geräusche oder kleine Objekte, die bewegt werden. Ich spreche hier nicht von Poltergeist-Aktivitäten, bei denen es sich um etwas völlig anderes handelt und die böswillig sein können. Wenn Sie einen Geist haben, der die Möbel herumwirft, ziehen Sie unverzüglich ein kompetentes Medium zu Rate. Worauf ich mich hier beziehe – und, um es noch einmal zu wiederholen, diese Dinge kommen viel häufiger vor, als Sie vielleicht vermuten –, das sind diese verwirrenden kleinen Geräusche und Bewegungen, dieses Knacken und Klappern oder sich bewegende Blumen, obwohl nicht einmal der leichteste Wind weht.

Eine Frau erzählte mir, daß sie den Tabak ihres verstorbenen Vaters in seinem Zimmer gerochen hätte, Monate später, nachdem er gestorben war. Eine andere berichtete, daß sie immer, wenn sie in ein bestimmtes Zimmer ging, bemerkte, daß das Bild ihres Partners schief an der Wand hing. Jedesmal richtete sie es wieder gerade, aber ein paar Minuten später hing es wieder schief. Vor seinem Tod war das nie passiert, und es hörte erst auf, als sie laut zu ihm sprach und ihm sagte, sie wüßte, daß er da sei. Wieder eine andere Konsultantin erzählte, daß sie einen Ring, den ihr Mann ihr geschenkt hatte, oben auf dem Kleiderschrank fand, wo sie ihn nur erreichen konnte, indem sie sich auf einen Stuhl stellte. Sie hatte den Ring zuvor mehrmals verlegt und spürte, dies sei seine Art, um sie darauf aufmerksam zu machen, auf ihn achtzugeben. Eine Frau, deren kleine Tochter gestorben war, stellte fest, daß aus einer Vase mit Blumen, die sie auf ihre Anrichte zum Andenken an das Kind gestellt hatte, eine Blume herausgenommen und sorgfältig daneben plaziert worden war.

Es besteht kein Grund, sich vor solchen Dingen zu fürchten. Vorausgesetzt, daß Sie die Sache überprüft haben, um jegliche natürliche Erklärung auszuschließen, sollten Sie akzeptieren, daß sie Anzeichen dafür sind, daß die von Ihnen geliebten Menschen in der geistigen Welt in der Nähe sind. Um Objekte derart bewegen zu können, müssen sie Gebrauch von der psychischen Kraft machen, die im Haus verfügbar ist, so daß Sie diese Art von Manifestation am ehesten erfahren werden, wenn Sie oder jemand, mit dem Sie zusammenleben, viel psychische Energie haben bzw. hat. Wie sie Gerüche und Düfte erzeugen, weiß ich wirklich nicht. Es gibt noch immer viele Dinge in bezug auf die geistige Welt, die wir nicht verstehen. Beispielsweise bin ich ziemlich ratlos, wie die merkwürdige Geschichte zu erklären ist, die mir Ernest Mayes aus Yorkshire erzählte.

Mr. Mayes' Bruder Norman starb 1991. Die Frau seines Bruders bestellte einen Grabstein. Es war ein Stein, wie man ihn im Fenster eines jeden Beerdigungsinstitutes sehen kann, mit einem Blütenzweig und dem eingemeißelten Monogramm »IHS« in der oberen linken Ecke. (Das IHS-Motiv wird häufig auf Grabsteinen und anderen christlichen Denkmälern verwendet. Die Buchstaben stehen für »Jesus Hominum Salvator«, Jesus, Erlöser der Menschen.) Gewöhnlich ist ein Grabstein, den man sich aussucht, bereits mit dem eingemeißelten Muster versehen. Der Steinmetz fügt lediglich den Namen des Verstorbenen und eventuell weitere von der Familie gewünschte Angaben hinzu. Aber als der Grabstein geliefert wurde, trauten Mr. Mayes und seine Schwägerin ihren Augen nicht, denn statt des Monogramms IHS waren die Initialen »N. M.« zu lesen. Sie setzten sich mit dem Steinmetz in Verbindung, der verwundert darüber war, daß ein Teil des schon vorher angefertigten Musters verändert worden war; er war zweifellos nicht dafür verantwortlich. Er bot an, den ursprünglichen Zustand wiederherzustellen, aber die Familie entschied, es dabei zu belassen. Die Geschichte wird noch faszinierender durch die Tatsache, daß Norman Mayes zu Lebzeiten die Angewohnheit hatte, viele seiner persönlichen Besitztümer mit seinen Initialen zu versehen.

## Sterbebettvisionen

Die Stunde des Todes ist eine Zeit, in der die geistige und die physische Welt sehr dicht aneinander herankommen. Sterbende Menschen sehen manchmal Freunde oder Verwandte, die erschienen sind, um sie zu begrüßen und ihnen in die geistige Welt hineinzuhelfen. Diese sogenannten Sterbebettvisionen wurden von Parapsychologen studiert. Die berühmteste Untersuchung führte Dr. Karlis Osis durch, dessen Arbeit über außerkörperliche Erfahrungen sich als überaus positiv erwies. Dr. Osis veröffentlichte seine Forschungsarbeit 1961 unter dem Titel *Deathbed Observations by Physicians and Nurses*. Er bewies, daß die betreffenden Patienten bei vollem Bewußtsein und in klarem Geisteszustand waren. Einige von ihnen berichteten, Verwandte zu sehen, von denen sie nicht einmal gewußt hatten, daß sie gestorben waren. Einige hatten Visionen von einem schönen Land, und ihre Beschreibungen stimmen mit denen von Menschen mit Nahtoderfahrungen überein, die einen Blick in die geistige Welt erhaschten. Diese Geistbesucher und die Visionen zerstreuen die Angst vor dem Tod und erleichtern den Übergang ins Jenseits.

Auch Menschen, die am Bett eines Sterbenden wachen, können die Nähe der geistigen Welt spüren. Ihre Wahrnehmung kann hochgradig gesteigert sein, und sie können dieselben Geistbesucher sehen oder Musik aus einer anderen Welt hören. Dorothy Chapman, ein Medium aus Surrey, kam durch eine Erfahrung, die sie hatte, als ihr Schwiegervater im Sterben lag, mit dem Spiritismus in Berührung.

> Da die Krankenschwester uns mitgeteilt hatte, daß die Krisis in der Nacht eintreten würde, saßen mein Mann Charlie und ich die ganze Nacht bei ihm. Ungefähr um halb drei Uhr morgens begann mein Schwiegervater mit dem Tod zu ringen. Charlie und meine Schwiegermutter waren eingeschlafen. Nur ich war noch wach.
>
> Ich konnte lautes Geschrei aus dem Garten hören, Leute, die einander zuriefen und lachten, als kämen sie gerade aus dem Pub. Ich dachte, wenn sie nicht bald aufhören, gehe ich hinaus und beschwere mich! Dann drehte ich mich um und sah durch die Glastür, die in den Korridor hinausführte. Dort standen drei kleine Jungen am Fuß der Treppe. Weitere Leute sammelten sich im Korridor, sie liefen aus allen Richtungen herbei, um sich hinter sie zu stellen. Dann hörte ich Musik, die schönste Musik, die ich je gehört habe. Sie spielte noch einige Zeit weiter, und dann allmählich verklang sie. Als sie nicht mehr zu hören war, wachte mein Mann auf. Ein paar Stunden später schied mein Schwiegervater friedlich dahin.

Gemeinhin heißt es, daß Geister im Augenblick ihres Todes erscheinen, gewöhnlich einem armen, erschreckten Opfer, das meilenweit entfernt ist und das erst später erfährt, daß die Person genau in jenem Augenblick gestorben ist. Das ist der Stoff aus dem Geistergeschichten entstehen, aber genaugenommen enthält er einen wahren Kern. Die Literatur über Parapsychologie ist voll von Beispielen für das, was den Namen »Krisenerscheinungen« erhalten hat. Brenda Marshall, die ehemalige Präsidentin des College of Psychic Studies in Kensington, schrieb in der College-Zeitschrift *Light* über den Tod ihres Mannes.

> Vor etwa fünf Jahren saß ich am frühen Abend im Wohnzimmer, als mich eine seltsame Mattigkeit überkam, die überaus lange anhielt. Sie unterschied sich von gewöhnlicher Müdigkeit, und fast zwei Stunden lang verweilte ich in diesem Zustand der friedlichen Erwartung. In dem Moment, als ich mich ins Bett legte, hatte ich eine kurze Empfindung, an die ich mich noch deutlich erinnere, eine Empfindung des Zustandebringens, ein befriedigender Beigeschmack davon, ein Ziel erreicht zu haben; und dann loszulassen für einen willkommenen Nebel. Mein Mann war auf einem Schiff auf dem Weg nach Südamerika, und ich hatte keinen Grund zu der Annahme, daß sich etwas Schlimmes ereignen würde. Erst am nächsten Morgen erhielt ich das Telegramm, in dem es hieß, daß er völlig unvermutet am vorherigen Tag *zu der Zeit* gestorben war, und später erfuhr ich, daß er in seiner Kabine geblieben war, weil er sich, wie er gesagt hatte, müde gefühlt hätte.

Es ist nicht schwer zu verstehen, warum sich so etwas ereignet. Wenn ein Mensch stirbt, machen sich seine Gedanken zu jemandem auf, den er liebt, mit dem starken Wunsch, bei ihm zu sein. Da sich der Astralkörper mittels Gedankenkraft bewegt, bringt dieser Wunsch ihn unverzüglich dorthin, worauf seine Sehnsucht gerichtet ist. Sein Gefühl ist so stark, daß die Person, auf die sich das Gefühl bezieht, einen mentalen Kontakt empfängt oder den Astralkörper zu sehen vermag. Da der Astralkörper eine Nachbildung des physischen Körpers ist, wird der Geist gewöhnlich so erscheinen, wie er auf Erden aussah, aber manchmal kann die astrale Gestalt auch als ein Nebel gesehen werden, was zweifellos der Grund dafür ist, warum man glaubte, daß Geister in Nebelschleiern herumschweben würden!

Ich habe schon erwähnt, daß die Hinterbliebenen in den ersten Tagen nach dem Tod eines Menschen dazu neigen, dessen Präsenz am stärksten zu spüren. Das ist vom einfachen menschlichen Standpunkt aus sehr verständlich. Auch wenn jeder, der stirbt, empfangen und in die geistige Welt geführt wird, empfindet er bestimmt Anteilnahme für jene, die er auf Erden zurückgelassen hat. Ich erwähnte bereits das Bedürfnis der Verstorbenen, ihren Familien zu versichern, daß sie noch leben, sich um unerledigte Angelegenheiten zu kümmern und denen, die trauern, Trost zu spenden. Dieses Bedürfnis wird sie zu denen, die sie lieben, und zu ihrer familiären Umgebung zurückbringen. Es dauert eben eine Weile, sich darauf einzustellen, das zu sein, was wir tot nennen!

## Wenn ein geliebter Mensch kürzlich gestorben ist

Was können Sie also tun, wenn Sie jemanden verloren haben, den Sie lieb hatten und den Sie noch immer bei sich spüren können?

- Vor allem sollten Sie keine Angst haben. Es ist immer noch dieselbe Person und kein Gespenst. Sprechen Sie zu ihr im Geiste oder, wenn es Ihnen lieber ist, laut und lassen Sie sie wissen, daß Sie sich ihrer bewußt sind. Vereinbaren Sie einen Termin bei einem guten Medium, um ihr die Möglichkeit zur Kommunikation mit Ihnen zu geben. Wenn Sie, um der Person zu gedenken, Blumen auf ihr Grab legen möchten, tun Sie das, aber es ist nicht nötig. Ihre Seele ist nämlich nicht unter der Erde begraben. Sie ist bei Ihnen, wo immer Sie auch sein mögen. Warum stellen Sie nicht lieber Blumen in Ihr Haus, wo sie sie sehen und sich an ihnen erfreuen kann?

Nehmen Sie sich jeden Tag ein paar Minuten Zeit, vielleicht abends, wenn alles ruhig ist, um still dazusitzen und Ihre Gedanken zu dem geliebten Menschen auszusenden. Bedenken Sie, daß, wenn Sie ihn vermissen, er Sie ebenfalls vermißt und genauso gern wie Sie in der Lage wäre, einander zu umarmen und zu küssen oder sich hinzusetzen und einen Plausch zu halten. Erwarten Sie nicht, ihn plötzlich erscheinen zu sehen oder ihn akustisch sprechen zu hören. In der Tat haben Sie anfangs vielleicht überhaupt nicht das Gefühl, daß Sie irgendeinen Kontakt herstellen. Aber wenn Sie damit fortfahren, werden Sie mit der Zeit gewahr werden, daß Sie durchkommen. Das wird sich nicht auf irgendeine offensichtliche Weise zeigen, und Ihre ungläubige Familie wird wahrscheinlich noch immer denken, Sie hätten Halluzinationen, aber lassen Sie sich nicht von ihr abbringen. Sie werden den Kontakt spüren, wie eine warme, innere Glut. Und sobald Sie ihn gespürt haben, werden Sie wissen, daß sich wahre geistige Kommunikation anders anfühlt als Gedanken, die Ihrem Bewußtsein entspringen. Aber es ist ein Unterschied, den man nicht klar umreißen kann – man muß es selbst erfahren haben.

Seien Sie darauf gefaßt, daß Ihr Gewahrsein schwanken wird. Manchmal werden Sie spüren, daß Sie durchkommen, während zu anderen Zeiten in Ihrem Kopf völlige Leere herrschen wird. Strengen Sie sich an diesen »leeren« Tagen nicht an. Erlauben Sie sich einfach, still zu sein. Und achten Sie auf Ihre Träume. Denken Sie daran, daß Träume Erinnerungen an Begegnungen auf der Astralebene sein können.

Es wird bestimmt Zeiten geben, in denen Sie traurig sind. Diese Emotion sollte zum Ausdruck gebracht werden. Das Trauern kann man mit einer Amputation vergleichen. Heilung braucht eben Zeit. Selbst Gefühlen, derer Sie sich schämen, wie Verlassenheitsgefühl, Groll und Wut, sollte man freien Lauf lassen, anstatt sie zu unterdrücken, denn nur dadurch, daß man solche Emotionen zuläßt, können sie verarbeitet und schließlich überwunden werden. Ich bin sicher, daß jene in der geistigen Welt diese Bedürfnisse verstehen. Wenn wir weinen, weinen sie mit uns, aber sie spenden Trost, und die Liebe der Jenseitigen erhält uns und führt uns durch die Schatten wieder hinauf ins Licht.

Wie lange dieses starke Gefühl für die Präsenz anhält, hängt vom einzelnen und von der Intensität seiner Verbindung mit den geliebten Menschen auf Erden ab. Manche bleiben jahrelang in der Nähe und warten darauf, bis es für den geliebten Menschen an der Zeit ist, sich ihnen in der geistigen Welt anzuschließen. Andere können sehr schnell fort sein – sie können es nicht erwarten, mit dem Abenteuer eines neuen Lebens weiterzumachen!

Wenn Sie auf geliebte Menschen sensitiv eingestimmt sind, werden Sie nach einiger Zeit spüren, daß sich bei ihnen etwas verändert hat. Die Liebe und Fürsorge sind nach wie vor da, aber es ist, als ob sie sich auf eine höhere Bewußtseinsebene begeben hätten. Sie werden ein größeres Licht und eine größere Freude bei ihnen spüren. Wenn das eintritt – und Sie werden es mit dieser inneren Gewißheit wissen –, versuchen Sie nicht, die geliebten Menschen zurückzuhalten, indem Sie sie bitten, bei Ihnen zu bleiben, oder ständig »Botschaften« von ihnen durch Medien erbitten. Dadurch, daß sie sich weiterentwickeln, können sie Ihnen mehr Licht und Liebe bringen, weil sie selbst lernen und wachsen. Schöpfen Sie Kraft aus ihrer Präsenz, aber lassen Sie es eine Kraft sein, die Sie befähigt, dieses Leben voll und ganz zu leben, anstatt an der Vergangenheit festzuhalten.

Tatsächlich werden Sie den Kontakt zu ihnen niemals ganz verlieren. Es wird Zeiten geben, wie zum Beispiel besondere Jahrestage, in denen sie auf einmal wieder sehr dicht herankommen. Es ist eine nette Idee, ihren Geburtstag oder Todestag auf irgendeine Weise hervorzuheben, vielleicht indem man Blumen für sie hinstellt. Sie werden sich Ihrer Bedürfnisse bewußt sein und ihr Bestes tun, um zu helfen, wann immer Sie Trost oder Führung brauchen. Diese Führung kann auf seltsame, subtile Weise erfolgen, und Sie werden sich dann vielleicht fragen, ob sich jemand um Sie gekümmert hat oder ob es Zufall war.

Ein mir bekanntes Medium, Gwen Bisp, erzählte mir ein typisches Beispiel dafür. Sie mußte einige Reparaturen in ihrem Haus durchführen lassen, hatte aber dafür nicht viel Geld übrig und konnte keinen zuverlässigen Handwerker finden. Da sie nur ungern willkürlich einen Namen aus den *Gelben Seiten* auswählen wollte, suchte sie Hilfe bei ihrem Mann in der geistigen Welt. Kurz darauf wurde sie gebeten, einen kleinen Jungen zu heilen. Es stellte sich heraus, daß der Vater des Jungen Handwerker war, der sich anbot, die Arbeit sehr preisgünstig auszuführen. Auch wenn Gwen für Heilungen nichts verlangt, nimmt sie Spenden an, und der Geldbetrag, den sie an dem Tag erhielt, entsprach genau der Summe, die sie brauchte, um die Rechnung zu bezahlen.

Ich bitte immer um Hilfe, wenn ich ein Problem habe, und irgendwie erledigen sich die Dinge jedesmal wie von selbst. Ich treffe dann entweder ganz zufällig jemanden, der mir helfen kann, oder jemand, dessen Verhalten mir Probleme bereitet hat, hat eine unerwartete Sinnesänderung. Ich kann natürlich nicht beweisen, daß diese Dinge auf Vermittlung von der anderen Seite des Lebens zurückzuführen sind, aber es passiert zu oft, als daß es bloßer Zufall sein kann.

## Um Führung bitten

Es gibt vieles, was die geistige Welt tun kann, um unseren Weg zu ebnen. Sie sollten nicht erwarten, daß sie Ihr Leben für Sie führt oder Entscheidungen, die in Ihrer Verantwortung liegen, für Sie trifft. Aber wenn Sie ein Problem haben und aufrichtig bitten, wird sich sehr oft Hilfe einstellen.

- Setzen Sie sich wieder ruhig hin und lassen Sie Ihren Geist so still und ruhig wie möglich werden. Senden Sie Ihre Gedanken zu den geliebten Menschen aus oder zu denen, die Sie nahe bei sich spüren, und bitten Sie sie, Sie zu führen. Es ist nicht nötig, ihnen Ihre Probleme zu erklären – sie werden sie bereits kennen. Versuchen Sie, sich aller Gedanken bewußt zu sein, die Ihnen in den Kopf kommen, aber wenn nichts kommt, dann glauben Sie nicht, daß sie Ihnen nicht antworten. Es kann nämlich sein, daß Sie sich zu sehr anstrengen, um zu hören, und jede Anstrengung in Ihrem Bewußtsein wird einen mentalen Block hervorrufen, den die geliebten Menschen nicht durchdringen können.

Die Antwort kann möglicherweise später kommen, wenn Sie entspannt sind. Ein Gedanke wird Ihnen in den Sinn kommen, oder vielleicht findet sich eine unerwartete Lösung. Je mehr Sie Ihre intuitiven Kräfte entwickeln (einige Übungen, die Ihnen dabei helfen können, finden Sie in Kapitel 8), desto eher werden Sie in der Lage sein, auf diese Weise Führung zu empfangen. Sie kommt vielleicht nicht immer – manche Probleme können nun mal nicht gelöst werden. Aber zumindest erhalten Sie Einsichten, die Ihnen helfen werden, mit den Problemen auf konstruktivere Weise umzugehen.

Zwischen dieser Welt und dem Jenseits liegt kein beständiger, tiefer Abgrund. Jene, die wir lieben, sind »dichter als der Atem, näher als Hände und Füße«. Ich will damit nicht sagen, daß dieses Wissen es leicht macht, über den Tod eines Menschen, den Sie lieben, hinwegzukommen. Sie wären kein Mensch, wenn Sie ihn nicht vermissen würden. Aber mit diesem Wissen kann die Trauer eine heilende und transformierende Wirkung haben. Ich begegne vielen Menschen, die einen schmerzlichen Verlust erlitten haben, und ich bin immer wieder überrascht und gerührt zu sehen, wie viele von ihnen durch diese Erfahrung bereichert und gestärkt werden. Weil sie den Tod aus einer spirituellen Perspektive, als einen neuen Anfang für den Verstorbenen gesehen haben, wird er auch für sie zu einem neuen Anfang. Sie haben spirituelle Gaben in sich selbst entdeckt, von denen sie keine Ahnung hatten, daß sie sie besitzen, und daraufhin angefangen, Medien, Heiler oder Lehrer zu werden, anderen zu helfen, den gleichen Trost zu finden, den sie gefunden haben.

Tessa Hughes brachte das mir gegenüber einmal wunderschön zum Ausdruck. Ihr Verlobter John starb ganz plötzlich an einer, wie es hieß, routinemäßigen Hüftprothesenoperation. Für sie brach eine Welt zusammen, und sie sah eine düstere Zeit auf sich zukommen, doch zugleich wußte sie, daß er bei ihr war, und mit seiner Hilfe war sie allmählich imstande, sich ihr Leben wieder aufzubauen. Heute, sieben Jahre später, gibt sie zu, daß sie zuweilen noch immer von Traurigkeit und Wut überwältigt wird und es schrecklich schwer findet, das Leben ohne ihn zu meistern. Aber sie stellte fest, daß ihre Trauer eine Zeit des persönlichen Wachstums war. Heute arbeitet sie als Heilerin und bestärkt andere Menschen darin, ihre eigene Seele zu heilen. Aufgrund dessen, was sie gelernt hat, kann sie folgendes schreiben:

> Ich erkenne vor allem, daß ich ein besserer Mensch geworden bin dadurch, daß ich diese Liebe erfahren habe, und daß sich durch jeden Verlust Kummer auftut, der vorher nie bedacht wurde, so daß ich mich wahrscheinlich noch immer durch die Tränen meines ganzen Lebens arbeite – und letzten Endes ist das ein gründlicher und machtvoller Heilungsprozeß. Natürlich, wenn ich leide – und das tue ich –, bin ich wirklich wütend, daß er gestorben ist und mir das alles zugemutet hat, aber man kann die Uhr nicht zurückstellen.
> Es muß die bereicherndste Erfahrung meines Lebens gewesen sein ... der größte Kummer ist zugleich die größte Chance.

Ich hoffe, der Rat, den ich in diesem Kapitel gegeben habe, wird Ihnen etwas Trost bringen, falls Sie kürzlich einen schmerzlichen Verlust erlitten haben. Er möge Ihnen helfen, sich dessen bewußt zu sein, daß der geliebte Mensch noch bei Ihnen ist. Später werde ich ausführlich darauf eingehen, wie man diese Bewußtheit weiterentwickeln und vielleicht selbst ein Medium werden kann. Aber zuvor möchte ich mich den objektiven Beweisen für ein Leben nach dem Tod zuwenden. Diese liegen in großer Zahl vor und stammen aus vielen verschiedenen Quellen. Und einige davon sind äußerst schwer zu widerlegen.

# 6. Den Beweis finden

Oft werde ich gefragt, welches denn der überzeugendste Beweis für ein Leben nach dem Tod sei, auf den ich je gestoßen bin. Diese Frage zu beantworten ist schwierig, nicht wegen eines Mangels an Material, sondern weil das Material derart umfangreich ist, daß man gar nicht weiß, wo man anfangen soll. Einen der interessantesten Fälle, denen ich begegnet bin, erzählte mir Elsie McLeod, eine Londoner Spiritistin.

Elsie hatte mehrere Jahre lang regelmäßig Sitzungen bei dem berühmten Medium Leslie Flint. Leslie, der kürzlich starb, wurde bereits in meinen anderen Büchern erwähnt. Er wurde als ein »physikalisches« Medium bezeichnet. Damit ist gemeint, daß er etwas hervorbringen konnte, was als Ektoplasma bezeichnet wird. Dies ist eine seltsame protoplasmatische Substanz, die während Séancen aus dem Körper des Mediums austritt und von den Kontrollgeistern verwendet wird, um Objekte zu bewegen oder zu levitieren, oder die in materialisierte Formen gestaltet werden kann. In Leslies Fall diente das Ektoplasma zur Bildung eines »Sprechkasten«, einer Vorrichtung, durch die die Kommunikatoren sprechen und ihre Stimme für die Konsultanten hörbar machen konnten. Hunderte von Konsultanten vermochten sich auf diese Weise mit ihren Lieben in der geistigen Welt zu unterhalten, und mit ihren Geschichten allein könnte man ein Buch füllen, aber Elsies Geschichte war außergewöhnlich.

Elsie hatte eine Freundin, eine gewisse Mrs. Foulds, die auch ihre Friseuse war. Sie wußte, daß Mrs. Foulds als Kind in dem gefürchteten Konzentrationslager Auschwitz inhaftiert gewesen war und daß sie dort so schrecklich gelitten hatte, daß sie niemals darüber sprach. Eines Tages, als sie sich das Haar frisieren ließ, kamen sie auf paranormale Themen zu sprechen, und Elsie erinnerte sich an eine Sitzung bei Leslie Flint viele Jahre zuvor, bei der eine Frau durchgekommen war, die mit deutschem Akzent gesprochen und gesagt hatte, daß sie Dr. Anna Gaster hieß und in Auschwitz umgekommen sei. Elsie fragte Mrs. Foulds, ob sie Dr. Gaster gekannt habe. Mrs. Foulds bejahte dies und erzählte, daß sie sich voller Dankbarkeit an sie erinnern würde. Die Ärztin hatte sowohl Mrs. Fould als auch ihrer Schwester mehrmals das Leben gerettet, indem sie sie versteckte, wenn Dr. Mengele, der sogenannte Todesengel, seine Rundgänge machte. Elsie fragte sie, ob sie sich eine Tonbandaufnahme der Sitzung anhören würde. Mrs. Foulds willigte ein, und sie und ihre Schwester konnten die Stimme der Ärztin identifizieren.

Es ist schwierig, Beweise dieser Art in Zweifel zu ziehen. Dr. Gaster war dem Medium und allen anderen Konsultanten, die bei dieser Sitzung waren, völlig unbekannt. Elsies Freundin hatte ihr gegenüber nicht einmal den Namen erwähnt, und doch erkannten sowohl Mrs. Foulds als auch ihre Schwester die Stimme der seit langem toten Ärztin wieder.

Es sind Hunderte von Fällen verzeichnet, die genauso schwer als Telepathie oder außersinnliche Wahrnehmung abzutun oder auf eine andere mögliche Ursache zurückzuführen sind. Tatsächlich ist »der bloße Umfang des physischen Beweises für das Überleben nach dem Tod derart enorm, daß, wenn man ihn ignoriert, es so ist, als würde man am Fuß des Mount Everest stehen und darauf beharren, man könnte den Berg nicht sehen«, um Colin Wilson, einen führenden Autor über Aspekte des Okkulten und Paranormalen, zu zitieren.

Ein großer Teil dieser Beweise wird von der Society for Psychical Research (Gesellschaft für psychische Forschung, SPR) gesammelt. Diese Gesellschaft, 1882 von einer Gruppe von Cambridge-Akademikern gegründet, hat es sich zur Aufgabe gemacht, alle möglichen physischen Phänomene zu untersuchen, von den dramatischen Ereignissen in Séance-Räumen (es war damals die Blütezeit des Spiritismus) bis hin zu Spukphänomenen und zur Telepathie. Über jeden untersuchten Fall wurde peinlich genau Buch geführt, und die Ergebnisse wurden in ihrem *Journal* und ihren *Proceedings* sowie in mehreren bedeutenden Bänden veröffentlicht, darunter *Phantasms of the Living* und F. W. H. Myers *Human Personality and its Survival of Bodily Death*. Die folgenden Beispiele sind Myers Buch entnommen.

Im Jahre 1876 hielt sich ein Handlungsreisender in einem Hotel in der Stadt St. Joseph, Minnesota, USA, auf. Es war um zwölf Uhr mittags, und die Sonne schien hell. Er saß an einem Tisch und dachte an nichts Besonderes, als er bemerkte, daß zu seiner Linken jemand saß. Als er sich umdrehte, sah er für einen kurzen Augenblick die Erscheinung seiner Schwester, die neun Jahre zuvor gestorben war. Die Erscheinung verschwand, als er ihren Namen rief, doch zuvor war ihm etwas Seltsames aufgefallen, und zwar eine leuchtendrote Kratzspur auf ihrer rechten Wange. Er war derart erschüttert, daß er mit dem nächsten Zug nach Hause fuhr und seinen Eltern erzählte, was ihm widerfahren war. Vor Bestürzung wurde seine Mutter ohnmächtig. Später erklärte sie, daß sie ihrer Tochter, als sie sie nach ihrem Tod aufgebahrt hatte, aus Versehen einen Kratzer zugefügt hätte, eine Tatsache, die sie keinem Menschen gegenüber erwähnt hatte.

Im Jahre 1891 wurde ein Farmer namens Conley aus Iowa, USA, in einem Nebengebäude der Farm tot aufgefunden. Sein Leichnam wurde ins Leichenschauhaus gebracht, wo man ihn seiner schmutzigen alten Kleidung entledigte und für den Transport nach Hause vorbereitete. Sein Sohn nahm den Leichnam in Empfang, aber als die Tochter des Mannes von seinem Tod erfuhr, fiel sie in Ohnmacht. Als sie wieder zu sich kam, fragte sie: »Wo sind die alten Kleider meines Vaters? Er ist mir gerade in weißem Hemd, schwarzer Hose und Filzpantoffeln erschienen und hat mir gesagt, daß er, nachdem er von zu Hause fortgegangen wäre, eine große Rolle Dollarnoten in sein graues Hemd mit einem Stück Stoff von meinem roten Kleid eingenäht hätte und daß das Geld immer noch da wäre.«

Die Familie glaubte, sie würde halluzinieren, aber um sie zu beruhigen, holte man die Kleider, die der Beschreibung des Mädchens genau entsprachen. Eine Rolle Dollarnoten war in das Hemd mit einem Stück roten Stoffes eingenäht, der von demselben Material wie das Kleid der Tochter war.

Die Society für Psychial Research untersuchte zahlreiche Medien, überprüfte ihre Kommunikation auf Richtigkeit und wägte die von ihnen vorgebrachten Aussagen sorgfältig ab. Sie hatte das Glück, mit einigen hervorragenden Medien arbeiten zu können, von denen die Amerikanerin Leonora Piper das berühmteste Medium war.

Mrs. Piper hatte bereits einen tiefen Eindruck auf verschiedene Mitglieder der Gesellschaft gemacht, unter anderem auf den Psychologen William James, einen der Begründer der amerikanischen SPR, und den weltberühmten Physiker Sir Oliver Lodge, als der skeptisch eingestellte Richard Hodgson von der amerikanischen SPR mit der weiteren Untersuchung betraut wurde. Ein Bekannter von Hodgson, George Pellew, war 1892 bei einem Reitunfall ums Leben gekommen. Hodgson brachte ungefähr 150 Konsultanten zu Mrs. Piper, die alle Pellew zu seinen Lebzeiten gekannt hatten. Durch Mrs. Piper identifizierte Pellew jeden einzelnen Konsultanten einwandfrei und zeigte eingehende Kenntnisse ihrer Verhältnisse. Niemals verwechselte er einen Fremden mit einem Freund.

Einer der Konsultanten zeigte ihm einen Manschettenknopf, den er trug. Pellew sagte sofort durch Mrs. Piper: »Der gehört mir. Meine Mutter hat ihn dir gegeben«, eine Aussage, die der Konsultant abstritt, die sich jedoch später als wahr herausstellte. Obwohl er nur schwer zu überzeugen war, war Hodgson gezwungen einzuräumen, daß sein toter Freund wirklich durch das in Trance versetzte Medium zu ihm sprach.

Die Bedeutung des Beitrages der Society for Psychical Research zur Erforschung paranormaler Phänomene kann gar nicht hoch genug eingeschätzt werden. Auch wenn sich heutzutage ihre Aufmerksamkeit auf außersinnliche Wahrnehmungen konzentriert, sind ihre Archive eine faszinierende Fundgrube an Wissen für jeden ernsthaften Forscher. Man sollte jedoch nicht meinen, daß die Gesellschaft ausschließlich aus überzeugten Spiritisten besteht. Einige ihrer Mitglieder sind die größten Skeptiker und untersuchen jeden Fall äußerst genau in dem Bemühen, eher eine alternative Erklärung zu finden als die Geisterhypothese zu akzeptieren. Auch wenn dieser Ansatz diejenigen erzürnt, die der Meinung sind, daß sich die Beweise für ein Leben nach dem Tod viele Male hintereinander als richtig erwiesen haben, bedeutet das zumindest, daß das von der Gesellschaft veröffentlichte Beweismaterial, was es auch immer sein mag, nicht leichtfertig abgetan werden kann.

## Ungebetene Kommunikatoren

Ein besonders interessantes Phänomen und eines, dem in den Aufzeichnungen der Society for Psychical Research eine große Bedeutung zukommt, ist das der ungebetenen Kommunikatoren. Dabei handelt es sich, wie der Name schon sagt, um Geistkommunikatoren, die dem Konsultanten unbekannt sind und unerwartet ›hereinschneien‹. Sie scheinen keine Verbindung mit den Konsultanten und keinen ersichtlichen Grund für ihr Kommen zu haben. Manchmal geben sie Informationen über sich selbst, die später überprüft werden können. Einen solchen Fall untersuchte und veröffentlichte Dr. Alan Gauld von der SPR in seinem Buch *Mediumship and Survival*.

In den 1940er Jahren hielt eine Gruppe in Cambridge über mehrere Jahre hinweg Sitzungen ab und führte sorgfältig Buch über die Ereignisse. Die meisten Kommunikatoren waren Verwandte und Freunde der Teilnehmer, aber es meldeten sich auch mehrere ›ungebetene‹ Kommunikatoren. Einer von ihnen gab sich als Harry Stockbridge aus und teilte unaufgefordert die folgenden Informationen über sich mit:

> Leutnant, zu den Northumberland-Füsilieren abkommandiert.
> Starb am vierzehnten Juli sechzehn.
> Tyneside Scottish.
> Groß, dunkel, dünn. Besondere Merkmale: große, braune Augen.
> Ich hielt mich in Leicester auf ... Leicester führt ein Register.
> [Auf die Frage nach seinen Neigungen und Abneigungen]
> Alle möglichen Probleme.
> Pepys lesen.
> Aquarellmalerei.

[Auf die Frage, ob er eine ›Powis Street‹ kennen würde, von der zwei Teilnehmer geträumt hatten]
Ich kenne sie gut. Meine Assoziation brachte meine Erinnerung dorthin.
[Auf die Frage, ob seine Mutter bei ihm sei] Ja.

Die Teilnehmer versuchten nicht, diese Informationen zu überprüfen, aber einige Jahre später beschloß Dr. Gauld herauszufinden, ob er den unsichtbaren Besucher aufspüren könnte. Bei Durchsicht der Armeeunterlagen stellte er fest, daß ein Leutnant H. Stockbridge der Northumberland-Füsiliere am 14. Juli 1916 getötet wurde. (Die Unterlagen gaben den 19. Juli als Datum an, aber die Sterbeurkunde, die Dr. Gauld ebenfalls ausfindig machte, verifizierte den 14. Juli als das richtige Datum.) Vor seinem Tod war Stockbridge nach dem Tyneside Scottish Battalion versetzt worden.

Es erwies sich als schwieriger, die Aussage »Leicester führt ein Register« näher zu bestimmen, da Stockbridges Name nicht auf der Gedenktafel für die Gefallenen in Leicester verzeichnet war. Er fand sich jedoch auf einer Gedenktafel in seiner alten Schule in Leicester. Außerdem wurde nachgewiesen, daß eine Powis Street existierte, in deren Nähe er geboren wurde.

Dr. Gauld spürte Stockbridges überlebende Verwandte auf, die die Details seiner Erscheinung und die Tatsache, daß seine Mutter zum Zeitpunkt der Kommunikation bereits gestorben war, bestätigten. Es war nicht möglich nachzuweisen, ob er sich dafür interessierte, Pepys zu lesen oder mit Aquarellfarben zu malen, aber die Aussage, daß er gern Probleme löste, fand Bestätigung durch die Tatsache, daß er in der Schule Preise für Mathematik und Physik gewonnen hatte.

Niemand der Cambridge-Gruppe hatte Zugang zu diesen Informationen, die Dr. Gauld erst nach erheblichem Zeitaufwand und vielen Bemühungen ausfindig machte. Auch hatte die Gruppe keinen Grund dazu, sich eine solche Geschichte auszudenken, da sie niemals bekannt werden wollte oder die Aufzeichnungen ihrer Sitzungen veröffentlichte.

Die traditionelle geisterhafte Erscheinung kann verblüffende

Beweise liefern. Natürlich können einige Erscheinungen Halluzinationen zugeschrieben werden, aber diese Erklärung ist schwerer zu akzeptieren in Fällen, in denen die Geisterform von mehr als einer Person gesehen wird, Informationen weitergibt, die der Person, die sie sieht, unbekannt sind, oder etwas Greifbares zurückläßt. Die Psychiaterin Dr. Elisabeth Kübler-Ross erzählt in ihrem Buch *Über den Tod und das Leben danach*, wie sie von dem Geist eines ihrer ehemaligen Patienten besucht wurde.

Der Vorfall ereignete sich in einer schwierigen Zeit in ihrem Leben; sie war unzufrieden mit ihrem Seminar über Sterben und Tod und dachte daran, ihre Arbeit an der University of Chicago aufzugeben. Sie wartete gerade mit einem Kollegen auf den Aufzug, als sie eine Frau vor sich stehen sah, die sie wiedererkannte. Sie war ihre Patientin gewesen und zehn Monate zuvor gestorben. In dem Augenblick, als ihr Kollege in den Fahrstuhl stieg, sprach die Frau Dr. Ross an und fragte, ob sie sie zu ihrem Arbeitszimmer begleiten könnte. Dr. Ross willigte ein, und während sie neben ihr herging, fragte sie sich die ganze Zeit, ob das alles wahr sein konnte. Als sie das Arbeitszimmer erreicht hatten, sagte die Frau:

> »Dr. Ross, ich mußte aus zwei Gründen zurückkommen. Der eine Grund ist der, daß ich Ihnen und dem Pfarrer G. (er war der großartige schwarze Pfarrer, mit dem ich mich so überaus ideal verstanden hatte) für all das, was Sie an mir getan haben, meinen Dank sagen möchte. Aber der eigentliche Grund, warum ich zurückkommen mußte, ist der, Ihnen zu sagen, daß Sie diese Arbeit über das Sterben und den Tod nicht aufgeben dürfen, wenigstens noch nicht.«
>
> Ich blickte sie an, und ich kann es nicht mehr sagen, ob ich zu jener Zeit schon glaubte, ich hätte wirklich Frau Schwarz vor mir, denn ich wußte ja, daß jene schon zehn Monate lang begraben lag, und außerdem glaubte ich gar nicht an die Möglichkeit derartiger Dinge.
>
> Ich ging schließlich zu meinem Schreibtisch. Ich berührte alle Gegenstände, die mir als Wirklichkeit vertraut waren. Ich faßte meinen Schreibtisch an, strich über den Tisch, befühlte

den Stuhl. All das war wirklich vorhanden. Und Sie können sich denken, daß ich die ganze Zeit darauf hoffte, daß diese Frau endlich verschwinden würde. Aber sie verschwand nicht. Sie verharrte in ihrer Stellung und sagte hartnäckig, aber in einem liebenswürdigen Ton: »Dr. Ross, hören Sie mich? Ihre Arbeit ist noch nicht beendet. Wir werden Ihnen helfen. Sie werden wissen, wann Sie damit aufhören können. Aber bitte, hören Sie damit jetzt noch nicht auf. Versprechen Sie es mir? Ihre wirkliche Arbeit hat erst begonnen!«
Ich jedoch dachte: »Mein Gott, niemand würde mir je Glauben schenken, wenn ich ihm von dem jetzt Erlebten erzählen würde. Selbst meine nächsten Freunde würden mir nicht glauben wollen.« Damals dachte ich natürlich noch gar nicht daran, daß ich hierüber sogar vor einigen hundert Leuten sprechen würde. Schließlich gewann der Wissenschaftler in mir die Oberhand, und ich wandte mich an sie mit etwas sehr Durchtriebenem. Ich sagte nämlich: »Sie werden wissen, daß Pastor G. jetzt in Urbana wohnt«, denn er hatte dort eine Kirche übernommen. Ich fuhr fort: »Er würde sich bestimmt über einige Zeilen von Ihnen freuen. Hätten Sie etwas dagegen?« Und ich reichte ihr einen Stift und ein Blatt Papier.
Sie verstehen natürlich, daß ich keinerlei Absicht hatte, diese Zeilen an meinen Freund zu senden. Aber ich benötigte ein wissenschaftliches Beweisstück, denn, wie es sich versteht, kann keiner, der begraben ist, noch Briefe schreiben. Und diese Frau mit dem allermenschlichsten, nein, nicht menschlichen, mit dem allerliebevollsten Lächeln konnte alle meine Gedanken lesen. Und ich wußte wie nie zuvor, daß es sich hierbei um Gedankenlesen handelte. Sie nahm das Papier und schrieb ein paar Zeilen darauf, und natürlich haben wir das in Glas eingerahmt und verwahren es als eine Kostbarkeit. Daraufhin sagte sie, und zwar ohne den Mund zu bewegen: »Sind Sie nun zufrieden?« Ich starrte sie an und dachte bei mir: »Ich werde dieses Erlebnis mit niemandem teilen können, aber ich werde diesen Papierbogen bewahren.« Und dann, indem sie Anstalten machte, sich zurückzuziehen, wiederholte sie: »Dr. Ross, Sie versprechen es mir doch, nicht wahr?« Ich wußte,

daß sie die Weiterführung meiner Arbeit meinte. Und ich entgegnete: »Ja, ich verspreche es.« Und in demselben Augenblick, als ich sagte, »ich verspreche es«, verschwand sie. Wir sind immer noch im Besitz ihrer handgeschriebenen Zeilen ...[1]

Eines der großartigsten Medien der Neuzeit war Estelle Roberts. In einer Karriere, die ein halbes Jahrhundert umfaßte (sie starb 1970), spendete sie Hunderten von Menschen Trost und war besonders berühmt für ihre öffentlichen hellseherischen Demonstrationen, die sie in der Royal Albert Hall und der Queen's Hall in London gab. Mrs. Roberts wurde von allen, die sie kannten, hoch geachtet.

Mrs. Margaret Wagstaff aus Surrey erzählte mir von mehreren Sitzungen, die sie in den 1950er Jahren bei ihr hatte. Mrs. Wagstaffs Vater, Sir John Marshall, der Leiter des India's Archeological Department gewesen war, war Invalide geworden, was ihn derart deprimierte, daß für ihn das Leben nicht mehr lebenswert zu sein schien. Bemüht, ihm zu helfen, schlug sie vor, daß sie für ihn versuchen würde, sich Beweise für ein Leben nach dem Tod durch ein Medium zu verschaffen. Ihr Vater war einverstanden, unter der Bedingung, daß sie das beste Medium in England aufsuchen sollte, das zu der Zeit Estelle Roberts war.

Bei der ersten Sitzung sagte Estelle einleitend:

»Es sind viele Leute hier, die durchkommen möchten.« Dann nannte sie George, Hugo, Will, Annie, Henry und andere beim Namen, allesamt Angehörige der liebenswerten Familie meines Vaters – von denen ich einigen nie begegnet war, denn ich hatte mich auch nie für die älteren Mitglieder aus dieser Generation interessiert.

»Richte Jack und Florrie meine herzlichen Grüße zu ihrem Jahrestag heute aus«, sagte Will. Als ich meinen Eltern, Jack und Florrie, die Aufzeichnung dieser Sitzung vorlas, fiel *kei-*

1 Elisabeth Kübler-Ross, *Über den Tod und das Leben danach* (Güllesheim, Verlag »Die Silberschnur«, 1996), S. 41–43.

*nem* von uns ein, wer an diesem Tag Geburtstag haben könnte. Aber plötzlich sagte mein Vater: »Oh, heute ist unser Hochzeitstag.«
Dadurch, daß der Bruder meines Vaters, Will, an ihren Hochzeitstag erinnert hatte, wurden wir gleichfalls daran erinnert, daß Will, als er noch auf Erden war, das einzige Mitglied dieser großen Familie war, der Geburtstage und andere Jahrestage nie vergessen und oft ein Gedicht zur Feier des Ereignisses geschrieben hatte.

Lord Curzon, Vizekönig von Indien, war ein enger Freund von Mrs. Wagstaffs Vater und unterstützte ihn in seiner Arbeit. Einige der Botschaften stammten von ihm:

> Estelle: »Grüße von Curzon an Ihren Vater. Er möchte, daß Ihr Vater weiß, daß er einem der großen Meister Indiens begegnet ist – Mahamo . . . ein Wort mit zwölf Buchstaben. Er ist an dem spirituellen Wohl Ihres Vaters interessiert.«

Als Mrs. Wagstaff ihrem Vater die Botschaft vorlas, identifizierte er den Namen sogleich als Mahamogalana, einen Jünger des Buddha; Sir John hatte geholfen, seinen Stupa (Schrein) zu restaurieren. Bei einer anderen Gelegenheit erinnerte Lord Curzon Sir John an einen Vorfall, der sich viele Jahre zuvor zugetragen hatte:

> Er bat meinen Vater, »sich an die *zwei* Elefanten zu erinnern«. Das ergab für mich natürlich überhaupt keinen Sinn, aber als ich meinem Vater diese Botschaft vorlas, sagte er: »*Natürlich* erinnere ich mich. Curzon und ich standen vor zwei großen Steinelefanten, und ich rutschte aus und stürzte gegen Curzons Rücken, was ihm große Schmerzen bereitete, da er lange Zeit hindurch an einem schlimmen Rücken gelitten hatte. Du kannst dir denken, wie schlecht es mir wegen dieses Vorfalls ging.«

Diese Sitzungen, sagt sie, wirkten sich auf die Einstellung ihres Vaters aus und ersetzten Depression durch Hoffnung und liebevolle Erwartung.

Die Vorstellung, daß die Toten Telefongespräche führen können, scheint vielleicht zu weit hergeholt zu sein, um sie zu glauben, aber es sind mehrere seltsame Fälle verzeichnet, die von D. Scott Rogo und anderen sehr bekannten Forschern auf dem Gebiet des Paranormalen gesammelt wurden. Eine faszinierende Geschichte, die in Scott Rogos Buch *Life After Death* wiedergegeben wird, wurde ihm von einer Hollywood-Schauspielerin erzählt, die ihn darum bat, ihren Namen unerwähnt zu lassen.

Als Miß Adams, wie er sie nennt, acht Jahre alt war, hatten sie und ihre Familie am Erntedankfest ein zwangloses Treffen im Haus einer Freundin der Familie. Zwei Jahre zuvor war die Tochter der Freundin, die früher zum Erntedankfest immer heimgekehrt war, bei einem Autounfall ums Leben gekommen. Als das Telefon läutete, nahm Miß Adams den Anruf entgegen.

> Ich hörte die Telefonistin für Ferngespräche sagen: »Ich habe ein R-Gespräch.« Sie erwähnte den Namen der Freundin meiner Mutter und dann den Namen der Tochter. [Mit anderen Worten, der Anruf war für die Freundin bestimmt, und die Telefonistin sagte Miß Adams, der Anruf sei von der verstorbenen Tochter.] Das hat mich fast umgehauen, obwohl ich ein Kind war, und ich sagte: »Einen Augenblick, bitte.« Ich sagte der Freundin meiner Mutter Bescheid. Sie ging ans Telefon. Ich stand da und beobachtete sie, weil ich den Namen gehört hatte und dachte, daß sich vielleicht jemand einen Scherz mit mir oder mit ihr erlauben würde oder so etwas Ähnliches. Sie lauschte am Telefon, wurde ganz weiß und fiel in Ohnmacht.
>
> Später erfuhr ich, was passiert war. Die Sache wurde geflissentlich vertuscht, aber ich erfuhr, daß sie ihre Tochter – die seit zwei oder drei Jahren tot war – sprechen gehört hatte. Sie hatte das gleiche gesagt wie immer, bevor sie nach Hause gefahren war: »Mama, ich bin's«, sagte sie. »Ich brauche zwanzig Dollar, um nach Hause zu kommen.«

Die Mutter schickte ihr immer zwanzig Dollar als Glücksbringer. Sie sagte, sie hätte die Stimme wiedererkannt. Sie riefen die Telefongesellschaft an, die von dem Anruf jedoch keine Aufzeichnung hatte.

In einigen wenigen Fällen haben Informationen aus dem Jenseits dazu beigetragen, Kriminalfälle aufzuklären. 1979 wurde in Illinois, USA, eine philippinische Krankenschwester, Teresita Basa, in ihrem Appartement erstochen, und ihr Schmuck wurde entwendet. Die Polizei hatte keine Verdächtigen, und es hatte den Anschein, als würde der Mord nie aufgeklärt werden. Doch eine Freundin der Ermordeten, Remy Chura, träumte wiederholt, daß Teresita ihr sagte, daß sie von einem Mann namens Allan Showery umgebracht worden wäre, der ihren Schmuck seiner Freundin, deren Namen sie ebenfalls nannte, gegeben hätte. Nach einigem Zögern ging Remy Chura schließlich zur Polizei, und als diese in Showerys Wohnung und in der seiner Freundin eine Razzia durchführte, fand sie Teresitas Schmuck. Showery wurde vor Gericht gestellt und des Mordes an Teresita für schuldig befunden.

Sitzungen bei Medien sind manchmal enttäuschend. In einigen Fällen läßt die Qualität der Arbeit sehr zu wünschen übrig, und die vorgebrachten Informationen sind so vage, daß sie sich auf jedermann beziehen können. Doch überall findet man einige hervorragende Medien, die mit Beweisen aufwarten, die selbst für den entschiedensten Skeptiker die Herausforderung darstellen, eine andere Erklärung zu präsentieren als die offensichtliche – daß Kommunikation mit Geistern stattfinden kann und auch wirklich stattfindet.

Es ist schwierig, den Eindruck von einer guten Sitzung auf Papier zu vermitteln. Ein erfahrenes Medium wird nicht nur korrekte Fakten über einen Kommunikator liefern, sondern auch seinen Charakter in einer Weise vermitteln, die einem Außenstehenden wenig bedeuten mag, aber dagegen für den Empfänger völlig überzeugend ist. Margaret Rose aus Merseyside erzählte mir von einer Sitzung, die sie bei Tom Flynn, einem Medium aus Enfield, hatte, von der ich nur einen kurzen Ausschnitt wiedergeben werde.

Margarets Ehemann Tony starb 1993. Sie hatte schon immer an ein Leben nach dem Tod geglaubt und war sich bewußt, daß Tony immer noch um sie herum war, aber sie hatte kein Bedürfnis danach, ein Medium zu konsultieren.
Doch eines Tages im vergangenen Jahr machte ein Freund, der selbst schon eine erfolgreiche Sitzung bei Tom absolviert hatte, einen Termin für Margaret aus. Leider war sie in letzter Minute verhindert, so daß Tom, um den Termin nicht platzen zu lassen, die Sitzung per Telefon abhielt.
Tom beschrieb meinen Ehemann sehr genau und teilte mir seinen Namen mit. Er sagte völlig zutreffend, daß er einige Tage vor seinem Tod am ganzen Körper Schmerzen gehabt hätte, aber daß er schließlich friedlich dahingegangen wäre, während ich bei ihm gesessen und seine rechte Hand gehalten hätte. Tom sprach von gelben Narzissen. Tony liebte Frühlingsblumen, und wir hatten eine neue Züchtung von gelben Narzissen, auf die wir sehr stolz waren, in dem Frühling, bevor er starb, angepflanzt. Außerdem sagte er, daß Tom eine große Leidenschaft für Schuhe gehabt hätte, was stimmte, und eine Vorliebe für Armbanduhren und Gemälde.
Er sagte: »Er weiß, daß Sie umgezogen sind, und ihm gefallen die Fenster!« Dann sprach er von einem Golfplatz und fragte, ob Tony Golf gespielt hätte. Nach Tonys Tod hatte ich eine neue Wohnung in einem alten Gebäude bezogen, das besonders reizvolle und ungewöhnliche Fenster hat – mit Blick auf den Golfplatz.

Es kamen noch weitere persönliche Einzelheiten zur Sprache, einschließlich einer Botschaft, die Margaret sehr ans Herz ging: »Sagen Sie ihr, daß sie die einzige war, die ich jemals wirklich geliebt habe.« Das hatte Tony ihr viele Male gesagt.

»Ich fürchtete mich davor, mit Tom zu sprechen«, gab Margaret zu, »aber er war einfühlsam und nahm mir die Befangenheit. Die Sitzung brachte mir einen solchen Trost.«

Im Laufe der Jahre hatte ich viele Sitzungen. Man könnte meinen, daß ich, da ich ja selbst ein Medium bin, so etwas nicht als notwendig erachten sollte, aber es ist immer interessant,

Kontakt mit geliebten Menschen durch eine Person zu haben, die weder mich noch sie kennt, und es gibt den Menschen in der geistigen Welt, die ich liebe, die Gelegenheit, Dinge zu sagen, die sie mir, aus welchem Grund auch immer, nicht direkt sagen können.

Eine der besten Sitzungen, die ich je hatte, war bei dem wohlbekannten Londoner Medium Ronald Hearn. Sie war um so beeindruckender, weil ich zu der Zeit überhaupt nicht zugegen war. Ich schrieb Mr. Hearn mit der Bitte, ob er Kontakt mit meinem Onkel herstellen könnte, der kurz zuvor gestorben war, und fügte noch hinzu, daß ich wüßte, daß es nicht immer möglich sei, eine bestimmte Person zu erreichen, und daß ich glücklich wäre, irgend etwas zu hören, was auch immer die geistige Welt mir zu sagen hätte. Mein Onkel erhörte jedoch meine Bitte. Ein paar Wochen später kam eine Tonbandaufnahme von Mr. Hearn zurück.

Es bestand für mich nicht der geringste Zweifel, daß mein Onkel zu ihm durchgekommen war. Rons Beschreibung war überaus zutreffend: ein sehr interessanter Mann, stets elegant gekleidet, wenn er sich in der Öffentlichkeit zeigte, ein gewinnendes Lächeln und ein trockener Humor, »kreuzehrlich«. Es würde an dieser Stelle zu lange dauern, die ganze Sitzung wiederzugeben, so daß ich mich auf ein paar kurze Auszüge und meine Anmerkungen beschränken werde:

*Etwas Ungewöhnliches an seinem Haar.* Er hatte schönes, volles, schneeweißes Haar.
*Geschickt mit den Händen.* Er war Bauunternehmer und werkelte immer in seinem Haus herum.
*Hatte er ein Lungenleiden?* Er litt an Leukämie, zog sich aber ein paar Tage vor seinem Tod eine Lungenentzündung zu.
*Steht der Name Harry in irgendeinem Zusammenhang?* Das war sein Name.
*Hat etwas mit einem antiken Mahagonischrank zu tun ... viele Bilder.* Er sammelte alte Möbel und Bilder.
*Eine alte Uhr ... es könnte eine Standuhr sein.* Er vermachte mir eine Standuhr.

*Ein rechteckiger Tisch. Er sagt: »Es ist schade um den Tisch.«* Er hatte einen alten Tisch, der beschädigt war und den ich reparieren lassen mußte.
*Viele Autos ... interessierte er sich sehr für Autos?* Im Laufe seines Lebens hatte er mehrere erstklassige Autos, die sein ganzer Stolz waren.
*Es riecht streng nach Käse.* Über seine Vorliebe für streng riechenden Käse machte man sich in der Familie lustig.
*Ich sehe mehrere Kameras. Nach seinem Hinscheiden fanden Sie mehrere Kameras und fragten sich, wofür er sie hätte?* Ich fand einige Kameras, als ich nach seinem Tod sein Haus räumte, und fragte mich, woher er sie hatte.
*Er vermittelt mir den Eindruck von einem riesigen Blumenstrauß, wunderschön zusammengestellt.* Auf seinem Sarg lag ein riesiger Blumenstrauß, den ich mit nach Hause nahm und zusammenstellte.
*Ich brauche jetzt kein Hörrohr mehr!* Vor seinem Dahinscheiden war er sehr schwerhörig gewesen.
*Ein ganz besonderes Buch, schön gebunden. Es kann sich in Familienbesitz befinden.* Das Familienfotoalbum, das heute in meinem Besitz ist.
*Ich höre schöne Orgelmusik. Spielte er Orgel?* Nein, aber ich, und ich bin mir seiner oft bewußt, wenn ich in der Kirche spiele.

Das ganze Tonband vermittelte mir ein starkes Gefühl von der Persönlichkeit meines Onkels und der Liebe und Unterstützung, die er mir aus der geistigen Welt entgegenbrachte. Wahrhaftig, der Tod trennt nicht.

## Den Kontakt selbst herstellen

Dies sind nur einige wenige Geschichten, die ich ausgewählt habe, um den Umfang und die Kraft der Beweise für ein Leben nach dem Tod zu veranschaulichen. Ich könnte noch viel mehr Beispiele bringen, aber letzten Endes ist der Glaube an das Fortleben eine sehr persönliche Angelegenheit. Vielen Menschen genügt es nicht, darüber zu lesen oder von den Erfahrungen anderer zu hören. Sie müssen ihre eigene Suche in Angriff nehmen und selbst Kontakt mit einer ihnen bekannten Person in der geistigen Welt aufnehmen.

Wo fangen Sie also an? Als einfachste Möglichkeit empfiehlt es sich, wenn Sie Ihre lokale Spiritistenkirche besuchen. Die Adresse müßte im Telefonbuch stehen. Wenn nicht, kann die Spiritualist National Union oder die Greater World Christian Spiritualist Association Ihnen möglicherweise Auskunft darüber geben, wo Ihre nächstgelegene Kirche liegt. Mehrere Kirchen annoncieren in dem Magazin *Psychic News*. Die Adressen aller dieser Organisationen finden Sie im Anhang dieses Buches.[1]

Lassen Sie sich nicht durch das Wort »Kirche« abschrecken. Die Gottesdienste sind sehr informell und überhaupt nicht steif. Zu allen Gottesdiensten gehört eine kurze Demonstration von Hellsichtigkeit. Für den Fall, daß Sie nichts davon halten, Kirchenlieder zu singen: Die meisten Kirchen veranstalten auch Demonstrationen, die nicht im Kontext eines religiösen Gottesdienstes stehen.

Wenn Sie es einrichten können, sollten Sie regelmäßig die Kirche besuchen. Die Kirchen versuchen, ihre Medien so oft wie möglich zu wechseln, so daß Sie wahrscheinlich jedesmal ein anderes Medium erleben werden, und Sie werden feststellen, daß sich ihre Art und Weise sowie ihre Qualität gewaltig voneinander unterscheiden. Außerdem erweist es sich als hilfreich für Sie, mit Gleichgesinnten zu verkehren, die Sie nicht für verschroben halten, weil Sie »mit den Toten sprechen« möchten.

Die Kirche wird Ihnen sicherlich ein Medium empfehlen können, das Sie für eine private Sitzung aufsuchen können. Diese Möglichkeit, sich Beweise zu verschaffen, ist befriedigender, weil die Bedingungen besser sind; Sie haben Zeit und sind ungestört. Versuchen Sie, aufgeschlossen an die Sitzung heranzuge-

1 Die vorstehenden Angaben beziehen sich auf Großbritannien. Deutsche Leser können sich bei dem im Adressenteil verzeichneten IMMED e. V. informieren. A. d. Ü.

hen. Damit die Kommunikation erfolgreich verläuft, muß ein sehr empfindliches Gleichgewicht zwischen dem Medium, dem Konsultanten und den Kommunikatoren hergestellt werden. Wenn Sie nervös sind oder übermäßig emotional wegen eines kürzlichen Trauerfalls, können Sie unbewußt dieses Gleichgewicht stören und eine Barriere errichten. Rufen Sie sich ferner ins Gedächtnis zurück, daß es für die von Ihnen geliebten Menschen in der geistigen Welt möglicherweise schwierig ist, zu Ihnen durchzukommen – auch für sie ist es der erste Besuch bei einem Medium!

Richten Sie Ihre Gedanken nicht auf irgendeine Person in der Hoffnung, von ihr zu hören. Wenn ein starkes Band der Liebe mit einer bestimmten Person besteht, ist es im allgemeinen möglich, Kommunikation herzustellen, aber das trifft nicht immer zu. Vielleicht ist sie nicht da, oder das Medium kann keine Verbindung zu ihr herstellen. Vielleicht geraten Sie an flüchtige Bekannte, mit denen Sie vor Jahren zu tun hatten, oder an Verwandte, die schon vor Ihrer Geburt gestorben sind. In den meisten Fällen werden sie von Ihnen angezogen, weil sie eine Affinität zu Ihnen spüren, aus Gründen, die ihnen am besten bekannt sind, obwohl ich vermute, daß einige aus denselben Gründen kommen, aus denen Menschen auf Erden zu Medien gehen – nämlich aus Neugier, um zu sehen, was geschieht!

Wenn Sie den Wert einer Sitzung einschätzen, müssen Sie die mit der Kommunikation verbundenen Schwierigkeiten einkalkulieren. Es liegt in ihrer Natur, daß die Dinge niemals planmäßig verlaufen können. Es werden bestimmt einige Irrtümer und Mißdeutungen auftreten, aber als Ganzes gesehen sollte eine Sitzung für Sie bedeutungsvoll sein. Machen Sie Gebrauch von Ihrer Intuition und Ihrem gesunden Menschenverstand, um zu beurteilen, ob das, was Ihnen gesagt wurde, wahr klingt. Hatten Sie das Gefühl, daß Ihnen geholfen wurde und Sie getröstet wurden? Eine gute Sitzung zeichnet sich unter anderem dadurch aus, daß sie Ihnen Hoffnung und Ermutigung und möglicherweise einige hilfreiche Einblicke in sich selbst und Ihr Leben bringt.

Vielleicht können Sie erst nach mehreren Sitzungen – Hand

aufs Herz! – sagen, daß Sie wirklich an Kommunikation mit Geistern glauben. Bei vielen Menschen entwickelt sich die Überzeugung langsam über längere Zeit hinweg. Das war bei mir der Fall, als mein Vater starb. Nach seinem Tod hatte ich mehrere Sitzungen und besuchte außerdem meine lokale spiritistische Kirche. Immer wieder beschrieben ihn mir Medien, die nichts von mir oder meiner Familie wußten, und brachten Einzelheiten, die in einigen Fällen nur uns beiden bekannt waren. Ein Medium sagte mir, daß er mit einem Mann namens Joe zusammen wäre, was mir zu der Zeit nichts sagte. Erst Monate später erfuhr ich, daß Joe der Name seines Vaters war. Beharrlichkeit ist der Schlüssel zum Erfolg, wie bei so vielen Dingen. Nur sehr wenige haben aufrichtig gesucht und nicht die Überzeugung gefunden, nach der sie strebten. Die Menschen, die kurzerhand das Leben nach dem Tod verwerfen, sind gewöhnlich diejenigen, die sich noch nie darum gekümmert haben, die Beweise zu betrachten.

Es ist ganz sinnvoll, wenn man sich von allen Sitzungen Notizen macht oder sie auf Band aufnimmt, wenn das Medium keine Einwände dagegen hat. Manchmal können sich Dinge, die Ihnen zunächst nichts sagen, später als sehr bedeutsam herausstellen. Wenn Sie irgendwelche Informationen über verstorbene Verwandte erhalten, von denen Sie nichts wissen, versuchen Sie, sie bei anderen Familienmitgliedern zu überprüfen. Wenn sie sich als richtig erweisen, haben Sie einen sehr guten Beweis für sich gefunden. Und seien Sie geduldig. Während der ganzen Zeit, in der Sie auf der Suche sind, vergrößern Sie Ihr Wissen um die geistige Welt. Und Sie erhöhen Ihr eigenes mediales Bewußtsein, ob Sie sich nun dessen bewußt sind oder nicht.

Dieses mediale Bewußtsein ist uns allen angeboren. Bei seiner Kultivierung geht es nicht so sehr darum, sich eine neue Fertigkeit anzueignen, sondern vielmehr darum, mit unserem inneren Selbst in Berührung zu kommen und eine latente natürliche Fähigkeit zur Entfaltung zu bringen. Der zweite Teil des Buches handelt davon, wie Sie dabei vorgehen und wie Sie zu Ihrer eigenen inneren Überzeugung gelangen können, daß der Tod nicht das Ende ist.

# Teil II

# Entwickeln Sie Ihre medialen Fähigkeiten

# 7. Die Regenbogenbrücke

In der ersten Hälfte des vorliegenden Buches haben wir uns damit beschäftigt, wie eng die beiden Welten miteinander verflochten sind und wie natürlich ein Kontakt zwischen uns und jenen in der geistigen Welt stattfindet. Ich habe erläutert, wie Sie damit anfangen können, sich der spirituellen Dimension bewußt zu werden und Ihren Kontakt mit geliebten Menschen aufzubauen. Nun werden wir dieses Thema weiterführen und herausfinden, wie die Gabe der Medialität entwickelt wird. Ich werde alle mit ihr verbundenen Aspekte behandeln, von der Kommunikation mit der Astralebene (was allgemein als Hellsehen bekannt ist) bis hin zur Trance und zum Channeling, durch das wir uns mit noch höheren Dimensionen verbinden können. Medialität kann auf vielen verschiedenen Ebenen wirksam sein, und es gehört zum Können eines Mediums, diese Ebenen zu verstehen und zu wissen, auf welcher es arbeitet.

»Warum sollte jemand ein Medium sein wollen?« wurde ich einmal während eines Interviews beim Sender BBC Radio Scotland gefragt. »Warum wollen Sie mit den Toten sprechen?«

Ich muß zugeben, daß ich über diese, wie mir schien, sehr dumme Frage etwas sprachlos war. Als erste Antwort fiel mir ein, daß sie nicht tot sind, da ich sonst nicht mit ihnen reden könnte! Die zweite war, daß es den Hinterbliebenen großen Trost bringt, wenn sie wissen, daß ihre Lieben noch immer bei ihnen sind. Aber Medialität bewirkt mehr als das. Dadurch, daß man beweist, daß es eine jenseitige Welt gibt, und dadurch, daß man Wissen darüber empfängt, wie diese Welt ist, wird die Angst vor dem Tod genommen. Überdies bereichert es dieses Leben, weil es zeigt, daß wir mehr als ein physischer Körper sind, der zugrunde geht. Wir sind unsterbliche Wesen, die einen Funken Göttlichkeit in sich tragen, und jeder von uns spielt eine Rolle bei der Gestaltung des Universums.

Noch vor einigen Jahren war es recht ungewöhnlich, jemanden zu finden, der offen zugegeben hätte, an ein Leben nach dem Tod zu glauben. Als ich meine Arbeit als Medium begann, hatte ich damit zu kämpfen, wie ein seltsamer Kauz behandelt zu werden. Doch in den letzten paar Jahren hat sich ein merklicher Wandel in der öffentlichen Meinung vollzogen. Auch wenn ich natürlich vielen Menschen begegne, die aus diesem oder jenem Grund nicht überzeugt sind, kommt es heute nicht mehr oft vor, daß ich auf jemanden stoße, der das Thema kurzerhand abtut. Die Mehrzahl ist zumindest gewillt, aufgeschlossen zu sein. Und viele von ihnen erzählen mir dann, wenn ich sie nur ein wenig behutsam dazu ermutige, Geschichten über paranormale Erfahrungen, die sie gemacht haben. Mein skeptischer Interviewer-Freund, der dachte, daß es etwas Verrücktes oder Absonderliches sei, »mit den Toten zu sprechen«, war also nicht gerade auf dem laufenden. Wie die bereits angeführten Beispiele veranschaulichen, haben sehr viele Menschen auf irgendeine Weise Kontakt mit der geistigen Welt.

Einige von ihnen möchten damit fortfahren und diesen Kontakt vertiefen, indem sie selbst Medien werden, aber sie wissen oft nicht, wie sie das in Angriff nehmen sollen. Sie glauben, Medialität sei eine seltene Gabe, die nur wenigen privilegierten Individuen zuteil wird. Glücklicherweise ist das nicht der Fall. Medien von hervorragendem Format sind wie Genies auf jedem anderen Gebiet selten und zeigen in der Regel ihre Begabung unmißverständlich in der Kindheit. Aber die meisten Menschen, die überhaupt sensitiv sind, können das Gewahrwerden der geistigen Welt bis zu einem gewissen Grad kultivieren.

## Ererbte Fähigkeit

Es ist hilfreich, wenn man als Kind medial begabter Eltern zur Welt kommt, da diese Fähigkeit oft vererbt wird. Einige der stärksten Medien, die ich kenne, hatten ähnlich begabte Eltern, obwohl sie in einigen Fällen als Teenager dagegen rebellierten und erst im späteren Leben in den Schoß der Familie zurückkehrten. Medial begabte Eltern zu haben hilft auch in anderer Hinsicht. Viele Kinder sind sich instinktiv der geistigen Welt bewußt. Wenn sie in einer verständnisvollen Umgebung aufwachsen, entfaltet sich ihr Gewahrsein, hält man sie jedoch davon ab, darüber zu sprechen, oder, was noch schlimmer ist, schimpft man mit ihnen, weil sie »Geschichten erfinden«, dann lernen sie, ihre Gabe zu unterdrücken. Das kann ihnen so erfolgreich gelingen, daß sie, wenn sie diese Gabe als Erwachsene entwickeln möchten, es schwierig finden, weil sie ein hohes Maß an tiefsitzender Angst und tiefsitzendem Widerstand überwinden müssen.

Aufgrund meiner Gespräche mit sehr vielen Medien würde ich sagen, daß die große Mehrheit als Kind sensitiv war. Es kommt selten vor, daß sich Medialität plötzlich in einem Menschen entfaltet, der niemals irgendwelche paranormalen Erfahrungen gemacht hat. Ich bin auf Medien gestoßen, die mir versicherten, daß sie zu ihrer Gabe ohne warnende Vorzeichen, »aus heiterem Himmel« gekommen wären, was ich aber kaum glauben kann. Um ein erfolgreiches Medium sein zu können, muß ein gewisses Maß an angeborenem Gewahrsein und eine instinktive Verbindung zur geistigen Welt, so schwach sie auch sein mag, vorhanden sein. Bis zu diesem Grade muß man zum Medium geboren sein, anstatt zu einem gemacht zu werden, wenn auch ein Gewahrsein geringfügig kultiviert werden kann.

In vielen Fällen ist es so, daß eine Krisis oder ein Trauma im Leben eines Menschen dazu führt, daß sich die schlummernde Fähigkeit zum erstenmal manifestiert. Viele Medien entdecken ihre Gabe, wenn sie eine ihnen nahestehende Person verlieren. Indem sie zu dieser Person hinüberreichen, wecken sie ihre mediale Fähigkeit, und ist dies vollbracht, fahren sie damit fort, sie zum Wohle anderer einzusetzen.

Bei einem Trauma muß es sich nicht unbedingt um einen Trauerfall handeln. Eine Krankheit oder eine länger anhaltende starke Belastung oder große Angst können eine ähnliche Wirkung haben. Meiner Meinung nach trifft das auf viele junge Medien zu. Sie haben zwar nicht den Schmerz, der mit dem Verlust eines geliebten Menschen verbunden ist, erfahren, aber sie haben auf irgendeine Weise gelitten, vielleicht aufgrund von Arbeitslosigkeit oder weil eine Ehe oder Beziehung gescheitert ist, wegen etwas, was ihr Leben auf den Kopf gestellt und sie dazu gebracht hat, aufs neue abzuschätzen, was für sie von Bedeutung ist und welche Richtung ihr Weg nimmt.

Es scheint mir, daß, wenn wir von der materiellen Welt ganz in Anspruch genommen werden und alles gut läuft, wir unser inneres Wesen ignorieren, als hätten wir eine Mauer darum herum gebaut. Nur wenn etwas Dramatisches oder Tragisches diese Mauer einreißt, kommt die weichere, sanftere intuitive Seite unseres Wesens zum Vorschein. Es ist eine traurige Wahrheit, daß die größten Lektionen in diesem Leben durch Leiden gelernt werden. Doch oft ist es möglich, einen Blick auf solche Zeiten zurückzuwerfen und zu erkennen, daß sie uns dazu geführt haben, uns auf eine Weise zu verwirklichen, an die wir nicht einmal im Traum gedacht hätten.

## Medialität als Berufung

Manche Medien werden ohne irgendeine bewußte Planung in ihre Arbeit getrieben. Sie werden eingeladen, bei einer Entwicklungsgruppe mitzumachen, und sagen zu. Dabei denken sie sich, daß es eine Zeitlang eine interessante Sache sein könnte, die man jederzeit aufgeben kann, wenn es langweilig wird. Natürlich gibt es Menschen, die zu dem Schluß kommen, daß dies nichts für sie ist, und wieder gehen, aber andere werden hineingezogen und stellen zu ihrer Überraschung fest, daß ihre Begabung größer ist, als sie für möglich gehalten haben. Vielleicht glauben Sie, daß Sie sich ausgesucht haben, ein Medium zu werden, aber tatsächlich hat die geistige Welt Sie auserwählt. Vielleicht haben Sie den Entschluß bereits gefaßt, bevor Sie geboren wurden. Möglicherweise wurden Sie in einem früheren Leben als Sensitiver oder Seher ausgebildet. Ihre Führer waren wahrscheinlich vor der Geburt bei ihnen und haben seitdem über Sie gewacht und auf den geeigneten Zeitpunkt gewartet, damit Sie diesen Weg einschlagen.

Aber wie auch immer Sie beginnen, sobald Sie sich entschieden haben, ein Medium zu werden, gehen Sie eine lebenslange Verpflichtung ein. Zuweilen möchten Sie vielleicht aufgeben, aber Sie werden immer wieder zurückgezogen, sehr liebevoll, aber bestimmt. Die geistige Welt ist subtil in ihren Methoden. Es kam oft vor, daß ich entmutigt war und androhte, die ganze Sache aufzugeben, aber dann bat mich jemand, den ich nicht abweisen konnte, um eine Sitzung, oder ein Kirchengottesdienst verlief wirklich gut. Plötzlich kehrte mein Enthusiasmus zurück, und ich wußte, daß es nichts anderes gab, was ich tun wollte.

Denn Medialität ist eine Berufung. So wie Menschen, die krank sind, einen Arzt aufsuchen, um seine Hilfe in Anspruch zu nehmen, wenden sie sich in schwierigen Zeiten oder bei einem Trauerfall vielleicht an ein Medium, um Trost zu finden. Sie sind es ihnen schuldig, Ihren Dienst aufrichtig zu leisten. Natürlich kann kein Medium hundertprozentig genau sein oder wirklich jedesmal eine erfolgreiche Sitzung geben, aber es liegt in Ihrer Verantwortung, sich zu einem Instrument zu machen, das so fein wie möglich gestimmt ist, um die beiden Welten miteinander zu verbinden.

## Meditation

### *Der Zweck der Meditation*

Wie gehen Sie also vor, wenn Sie ein Medium werden möchten und glauben, das Potential dazu zu haben? Ihr allererster Schritt, noch bevor Sie sich einer Entwicklungsgruppe anschließen, besteht darin, meditieren zu lernen. In der heutigen Zeit ist die Meditation sehr beliebt und wird zu vielfältigen Zwecken eingesetzt. Für manche Menschen ist sie eine Therapie, die ihnen helfen soll, die Belastungen und Beanspruchungen des Lebens zu meistern. Andere betrachten sie als ein Mittel zur Selbstheilung oder als einen Weg, um Erleuchtung zu erlangen. Unter allen diesen Gesichtspunkten ist sie von großem Wert, aber für die Medialität ist sie unbedingt erforderlich.

Es liegt auf der Hand, daß Sie zuerst lernen müssen, den äußeren Geist zur Ruhe zu bringen und Ihre Bewußtseinsebene anzuheben, damit Sie sich auf die feineren Schwingungen der geistigen Welt einstimmen können. Je stiller und aufnahmefähiger Ihr Geist ist, um so präziser werden Sie empfangen können, was Ihnen übermittelt wird. Zweitens wird Meditation Sie mit Ihrem inneren Selbst in Berührung bringen. Sie wird Ihnen eine Quelle der Kraft sein, und, glauben Sie mir, diese werden Sie brauchen. Sie wird Ihnen überdies zu Stabilität verhelfen und zu der Fähigkeit, zwischen Ihrem eigenen Bewußtsein und dem, was aus der geistigen Welt kommt, zu unterscheiden.

Aber mehr noch als das wird sie Ihnen Weisheit geben. In jedem von uns steckt unendliche Weisheit, wenn wir nur tief genug in uns hinabreichen können, um die Quelle zu finden. Eine Ihrer Aufgaben als Medium ist, ein Lehrer zu sein. Das bedeutet nicht nur, Lehren aus der geistigen Welt weiterzugeben. Sie lehren durch das, was Sie sind, und durch die Art und Weise, wie Sie Ihr Leben führen.

Schließlich – was am wichtigsten ist – verbindet Meditation Sie mit dem Licht Gottes und der geistigen Welt. Es spielt keine Rolle, ob Sie Spiritist sind oder einer anderen kirchlichen Religion oder Philosophie angehören, da jede wahre Religion auf Liebe und Dienst beruht. Wenn Sie mit der spirituellen Dimension kommunizieren wollen, müssen Sie selbst sprituell werden. Natürlich umfaßt das astrale Reich viele verschiedene Dimensionen, und einige von ihnen sind weit davon entfernt, entwickelt zu sein, aber als Medium beabsichtigen Sie ja (wie ich hoffe!), sich mit Lichtwesen zu verbinden, so daß Sie sich auf diese Ebene emporschwingen müssen. Rufen Sie sich ins Gedächtnis zurück, daß Gleiches Gleiches anzieht. Je weiter Sie Ihre Gedanken emporheben können, um so schöner und entwickelter werden die Wesen sein, die Sie anziehen, um Ihnen zu helfen und mit Ihnen zu arbeiten.

Meditation muß nicht schwierig sein. Sie müssen nicht stundenlang damit verbringen, sich in Ihren Nabel zu versenken oder sich ganz konfus zu machen, indem Sie alle möglichen komplizierten Körperhaltungen einnehmen. Täglich ein paar Minuten oder vielleicht zweimal täglich genügen. Wenn Sie unbeirrt damit fortfahren, werden Sie feststellen, daß die Meditation zu einem integralen Bestandteil Ihres Lebens geworden ist – tatsächlich werden Sie sich nach kurzer Zeit fragen, wie Sie ohne sie überhaupt jemals zurechtgekommen sind.

*Ein spirituelles Wesen*

Weiter unten in diesem Kapitel werde ich Ihnen eine Meditationsübung vorstellen, die Sie ausprobieren können. Diese Übung ist dafür bestimmt, Ihr Bewußtsein für die geistige Welt zu öffnen. Aber zuvor möchte ich Sie mit einigen Ideen bekannt machen, möchte Sie bitten, sich selbst als ein spirituelles Wesen zu betrachten, dessen wahre Heimat sich jenseits dieser Welt befindet.

Vor kurzem besuchte ich ein Treffen einer New-Age-Gruppe. Diese setzte sich aus den verschiedensten Leuten aller Altersstufen zusammen. Im Verlauf der Diskussion fragte der Gruppenleiter: »Wie viele von Ihnen glauben, eine Seele zu haben?«

Alle erhoben die Hand, einige zögernder als andere. Dann bemerkte eine Frau, die weiter hinten saß: »Ich sehe es andersherum. Ich *bin* eine Seele und *habe* einen Körper.«

Einige in der Gruppe stimmten ihr zu. Für andere war diese Vorstellung neu. Zweifellos ist es ein Konzept, das unsere übliche Denkweise auf den Kopf stellt. Wir identifizieren uns mit dem physischen Körper. Schließlich ist er ein Teil von uns, mit dem wir äußerst vertraut sind. Wir geben ihm Nahrung, kleiden ihn ein, machen uns Sorgen darum, ob er zu dick oder zu dünn ist. Aber der Körper ist nicht das wahre Ich. Die Seele im Inneren ist von Bedeutung, nicht nur, weil sie der Teil von Ihnen ist, der den Tod überdauert, sondern auch, weil sie das ausmacht, was Sie wirklich sind, hier und jetzt.

Der New-Age-Autor und -Philosoph Sir George Trevelyan schrieb in seinem Buch *Exploration into God*:

> Der Körper kann als der wunderbar gestaltete Tempel betrachtet werden, in dem dieses göttliche Wesen wirken kann, während es seine aktuelle Lebensspanne hindurch in der

schweren Dichte von Materie lebt. Natürlich kann der Körper sterben und zerstört werden, aber dadurch wird nur die immerwährende Seelen-Wesenheit zurück in die geistige Welt freigegeben, von der sie gekommen ist. Somit können wir in unserer vom Tod heimgesuchten Kultur begreifen, daß es für dieses Wesen, dieses »Ich«, *einfach keinen Tod gibt*. Das Fortleben ist unumstößlich. Aber wichtiger ist das Konzept der Prä-Existenz. Bereits vor Ihrer Geburt existierten Sie als eine entwickelte Seele. Der Planet Erde kann als Übungsfeld für Seelen in der langen Evolution durch den Sündenfall und zurück zu Gott betrachtet werden.

Dieser Abschnitt wirft mehrere interessante Fragen auf. Erstens, was meinen wir mit »Seele«? Wir sprechen von der Seele als der Essenz einer konkreten Sache. Wir verwenden sogar den Ausdruck »Er ist die Seele der Party« in bezug auf einen geselligen Menschen, der Schwung in eine Party bringt. Vielleicht kann man es am einfachsten formulieren, indem man die Seele als unser inneres Wesen beschreibt. Sie ist nicht etwas, was bei der Geburt entsteht. Wenn ein Kind geboren wird, ist die Seele bereits da. Die Meinungen gehen auseinander im Hinblick darauf, wann genau zwischen Empfängnis und Geburt die Seele in den Fötus eintritt; vielleicht hängt der Zeitpunkt vom Eifer oder Widerwillen der Seele ab, sich auf ein neues Leben einzulassen.

In der Seele liegen dunkle Erinnerungen versteckt, Erinnerungen an ihre früheren Leben auf Erden und die Intervalle dazwischen, die sie in der geistigen Welt zubrachte. Auf einer bewußten Ebene können wir uns an nichts erinnern. Die Alten glaubten, daß Seelen, bevor sie wieder auf die Erde kamen, aus dem Lethe, dem Fluß des Vergessens, trinken mußten. Aber die Erinnerungen bleiben im Unterbewußtsein verschlossen. Gelegentlich können sie in Träumen oder in der Meditation an die Oberfläche kommen, wenn wir uns vielleicht ein Bild davon machen, in einer früheren Zeit gelebt zu haben. Wenn wir uns zu einer bestimmten Zeitepoche oder Kultur hingezogen fühlen, kann der Grund dafür darin liegen, daß wir zu der besagten Zeit oder an dem Ort auf Erden waren.

Erinnerungen können auch unter Hypnose an die Oberfläche kommen, wobei eine Technik zum Tragen kommt, die als Past-Life-Regression beziehungsweise Rückführung in vergangene Leben bekannt ist. Diese kann ein sehr wertvolles therapeutisches Werkzeug sein. Unsere gegenwärtige Persönlichkeit bildet die Gesamtheit aller unserer vergangenen Leben und Erfahrungen. Indem wir uns dieser verborgenen Erinnerungen bemächtigen, können wir lernen, uns besser zu verstehen. Einige unserer Ängste und Phobien haben ihren Ursprung in vergangenen Leben. Ein Mensch beispielsweise, der eine irrationale Angst vor dem Ertrinken hat, ist vielleicht in einer früheren Inkarnation ertrunken. Wenn wir uns stark zu einem Fremden, dem wir begegnen, hingezogen fühlen, mag es daran liegen, daß wir ihn in einem vergangenen Leben gekannt und geliebt haben. Die Seele erinnert sich und erkennt ihn wieder. Viele der Menschen, die unser gegenwärtiges Leben formen, unsere Familien, Freunde und von uns geliebte Menschen, werden allesamt Bekanntschaften aus der Vergangenheit sein.

Kleine Kinder können sich spontan Erinnerungen ins Gedächtnis zurückrufen, weil sie noch ganz in der Nähe der geistigen Welt sind. Diese werden von Erwachsenen gewöhnlich als Hirngespinste abgetan. Wenn das Kind von seinem neuen Leben ganz in Anspruch genommen wird, verblassen diese Erinnerungen schnell. Die Persönlichkeit des Kindes entwickelt sich, zum Teil durch ererbte Anlagen und zum Teil durch seine Erziehung und Umgebung geformt. Aber die vorher existierende Seele bildet das Fundament dieser Persönlichkeit.

Lassen Sie uns also eine Stufe weiter zurückgehen und fragen, woher diese Seele ursprünglich kommt. Der alten spirituellen Lehre zufolge wurden wir von Gott erschaffen, Wassertropfen aus dem Meer der Ewigkeit. Gott versah alle seine Schöpfungen mit einem kleinen Teil von sich selbst. Dieser immerwährende, unveränderliche Teil von uns ist unser Geist. Er ist unter vielen Namen bekannt: der Juwel im Lotus, die Perle des Großen Preises, der Göttliche Funke.

Die Begriffe »Seele« und »Geist« werden oft austauschbar verwendet, aber sie sind nicht dasselbe. Die Seele bildet ein Vehikel oder eine äußere Hülle für den Geist, auf ungefähr die gleiche Weise, wie der physische Körper eine äußere Hülle für die Seele bildet, während wir auf Erden sind. Die Seele weilte ursprünglich in Gottes Nähe in einem Zustand der Unschuld. Aber um zu reifen, mußte sie sich von Gott entfernen, so wie ein Kind von seinen Eltern wegziehen muß, wenn es erwachsen werden soll. Also begaben sich unsere Seelen auf die lange Reise der Evolution und stiegen allmählich, im Laufe von Äonen, herab durch die verschiedenen Ebenen der geistigen Welt, bis sie die astrale Ebene erreichten.

Aber selbst diese, obgleich sie doch so weit entfernt von ihrem Ursprungsort war, stellte nicht genügend Herausforderungen für alles, was sie lernen mußten, bereit. So gelangten sie zur physischen Inkarnation und ließen sich in Körpern aus Fleisch nieder. Diese physische Welt war – und ist – der schwierigste Teil der Seelenreise. Die Erde ist von allen Ebenen die dunkelste, die dichteste. Sie ist das Schlachtfeld der Seele, auf dem sie Leiden, Armut, Krankheit und alle Härten, die in keiner anderen Dimension existieren, erleben muß. Wir kommen viele Male hierher und werden weiterhin zurückkommen, bis wir alle Lektionen gelernt haben, die die Erde uns lehren muß. Aber zwischen jedem Leben – und die Zeit dazwischen ist gewöhnlich viel länger als die hier zugebrachte Zeit – halten wir uns in der geistigen Welt auf, an dem Ort, wo wir wirklich hingehören.

Das könnte der Ursprung der Legende vom Sündenfall sein. Der Bibel zufolge wurden Adam und Eva aus dem Garten Eden vertrieben, weil sie es wagten, vom Baum der Erkenntnis zu essen. Man kann diese Geschichte durchaus als eine Allegorie des menschlichen Abstiegs von der geistigen Welt bis hin zur Erde verstehen. So betrachtet, war der Sündenfall ein Sturz nach vorn, ein notwendiger Schritt, da der Mensch spirituell nicht reifen konnte, bis er das Leben auf der physischen Ebene erfahren und gelernt hatte, das Böse mit Hilfe des Guten zu überwinden.

Auf der ganzen Welt existieren Legenden über ein Goldenes Zeitalter, einen paradiesischen Zustand, in dem die Menschen mit den Göttern gingen und im Frieden und in Harmonie mit der

Natur lebten. Da Legenden aus vielen Fäden gewebt sind, mag auch dies eine tief im Unterbewußtsein vergrabene Erinnerung an den paradiesischen Zustand in der Astralwelt sein, die der Mensch zurücklassen mußte.

Die Vorstellung vom Tod als einer Heimkehr wird in der folgenden Geistkommunikation wunderschön zum Ausdruck gebracht, die dem Buch *The Country Beyond* von Jane Sherwood entnommen wurde.

> Hier ist unser Zuhause, unsere natürliche Luft, schließlich erreicht auf Kosten dessen, der das Kämpfen, Leiden und Sündigen, Bereuen, Sühnen und Akzeptieren kennt. Endlich sind wir zu Hause – in des Vaters Häusern, selbst wenn wir, wie es bis jetzt der Fall war, vielleicht nicht vor Ihn treten. Ich glaube, ich verstehe jetzt das heftige Verlangen, das uns bei allen Erfahrungen des Schönen befällt. Es ist die Sehnsucht nach dem Zuhause, nach der niemals völlig vergessenen Glückseligkeit, die wir zurücklassen mußten. Es ist der Schmerz, der entsteht, wenn man das Irdische mit dem unvergänglichen Wissen um das Himmlische vergleicht. Ich bezweifle, daß die schlechteste, verlorenste und ruheloseste Seele jemals dieses Verlangen verlieren kann, und früher oder später muß es sie zurück zum steilen Aufstieg und in das Vaterland hinein bringen.

Dieses Gefühl von Heimweh ist etwas, mit dem sich viele Menschen identifizieren können. In der Kindheit spürt man es stärker, obgleich dem Kind die Worte fehlen, um es auszudrücken. Viele Medien, Heiler und Sensitive, mit denen ich gesprochen habe, vertrauten mir an, daß sie sich als Kind in der Welt nie zu Hause gefühlt hatten. Sie fühlten sich anders, wie abgetrennt. Einer sagte mir: »Ich empfand mich als Fremder in einem fremden Land.«

Ich glaube, das ist ein Grund, warum jemand mit der Gabe der Medialität geboren wird. Er ist sich der geistigen Welt bewußt, weil er auf einer tiefen Ebene niemals die Verbindung mit ihr verloren hat. Für solche Menschen ist das Eingestimmtsein auf die geistige Welt etwas Natürliches. Jene, die sie als Führer und Helfer kennen, sind Gefährten, die sie kannten und liebten, bevor sie hierherkamen, und die die Aufgabe übernommen haben, sie auf ihrer irdischen Reise zu führen.

Ich habe nicht die Absicht, deprimierend zu wirken oder den Eindruck zu vermitteln, daß wir unser Leben damit verbringen sollen, darauf zu warten, die Astralwelt zu betreten, selbst wenn sie glücklicher ist als diese. Ich genieße mein Leben hier und halte viel davon, es voll und ganz zu leben. Trotz ihrer Härte und Gefährlichkeit ist es dennoch eine schöne Welt, und sie braucht wie nie zuvor in der Geschichte spirituell denkende Männer und Frauen, die sich um sie kümmern und die Menschheit vor der Zerstörung bewahren. Aber alles wird in eine andere Perspektive gerückt, wenn wir dieses Leben als lediglich eines von vielen betrachten, als einen kleinen Schritt auf unserer unendlichen Reise. Und es ist hilfreich zu wissen, daß nichts die Seele im Inneren zerstören oder uns völlig von unseren spirituellen Ursprüngen abschneiden kann, was auch immer uns zustoßen und wie schwierig oder schmerzhaft es auch sein mag.

Denn dieses Bewußtsein der spirituellen Welt ist etwas, was wir bei uns tragen. Es wartet nur darauf, wiederentdeckt zu werden. Die Mythen über das Goldene Zeitalter sprechen von der Zeit, als Himmel und Erde durch eine in vielen Farben schillernde Regenbogenbrücke miteinander verbunden waren, die die Seelen überqueren konnten. Mit dem Ende des Goldenen Zeitalters verlor die Menschheit den Kontakt mit dem himmlischen Zustand, und die Regenbogenbrücke wurde gesperrt. Nur Priester, Schamanen und Heilige konnten sie überqueren, um jenen zu begegnen, die auf der anderen Seite weilen. Aber die Renbogenbrücke existiert noch. Sie ist unsere Verbindung mit der geistigen Welt, und sie ist gleichfalls unsere Verbindung mit unserem eigenen spirituellen Selbst. Und die Meditation ist der Weg, um sie zu finden.

*Sich auf die Meditation vorbereiten*

Wenn Sie noch nie meditiert haben, sollten Sie am besten langsam anfangen. Ein paar Minuten täglich genügen fürs erste.

Später können Sie versuchen, die Meditation auf eine halbe Stunde oder länger auszudehnen, je nachdem, wieviel Zeit Ihnen zur Verfügung steht.

Aber bevor Sie überhaupt anfangen, versuchen Sie, den Geist vorzubereiten. Falls Sie angespannt, unruhig oder übermüdet sind, wenn Sie sich zum Meditieren hinsetzen, können Sie nicht erwarten, viel zu erreichen. Später, wenn Sie es sich zur regelmäßigen Gewohnheit gemacht haben, werden Sie feststellen, daß der bloße Akt, sich auf ihrem Stammplatz niederzulassen und die Augen zu schließen, eine beruhigende Wirkung hat, aber im frühen Stadium können Sie leicht abgelenkt werden.

Eine gute Möglichkeit, sich vorzubereiten, ist ein Spaziergang auf dem Land oder, wenn das nicht möglich ist, im Park. Spüren Sie Ihre Nähe zur Natur und lassen Sie sich von ihrer Schönheit rühren. Wir alle sind Teil des Universums. Jedes Lebewesen, jeder Vogel, jeder Baum, jeder Grashalm ist Teil von Gottes Schöpfung und trägt in sich einen Funken seines göttlichen Lebens. Berühren Sie die Blütenblätter der Blumen und fühlen Sie ihre Zartheit. Spüren Sie die kraftvolle Energie, die von den Bäumen ausstrahlt – probieren Sie es einmal aus, sich an den Stamm eines kräftigen, alten Baumes zu lehnen und zu spüren, wie seine Kraft in Sie hineinfließt. Atmen Sie die Wärme der Sonne ein und seien Sie sich bewußt, daß Sie nicht nur die physische Wärme in sich aufnehmen, sondern die Lebensenergie an sich.

Wenn der Tag trüb und düster ist oder es in Strömen gießt, ist das alles natürlich keine gute Idee. In diesem Fall können Sie versuchen, schöne Musik zu hören oder in einem Buch zu lesen, das Sie inspirierend finden. Es geht darum, Ihren Geist von Ihren alltäglichen Pflichten und Sorgen zu distanzieren, so daß Ihr Bewußtsein auf eine höhere Ebene emporsteigen kann.

Wenn Sie ein Zimmer Ihrer Wohnung als Meditationsraum einrichten können, ist das ideal, falls das aber aus Platzgründen nicht möglich ist, wählen Sie irgendwo eine ruhige Ecke ganz für sich allein. Vielleicht möchten Sie dort frische Blumen hinstellen oder ein Bild aufhängen, das beruhigend auf Sie wirkt. Weihrauch, Räucherstäbchen oder in der Aromatherapie verwendete

Öle können nützlich dabei sein, eine gute Atmosphäre zu schaffen. Im Handel sind viele Kassetten und CDs mit New-Age-Musik erhältlich, die für einen entspannenden Hintergrund sorgen.

*Die Meditationsübung*

- Nun folgt die eigentliche Meditationsübung. Diese Übung soll Sie auf eine Reise mitnehmen, die Sie zum Zentrum Ihres Wesens führen wird. Sie werden nur einen Ausrüstungsgegenstand benötigen – einen Spiegel. Er muß nicht groß sein. Ein Taschenspiegel reicht vollkommen. Wählen Sie eine Zeit, in der Sie nicht gestört werden. Ziehen Sie den Telefonstecker aus der Steckdose, oder hängen Sie den Hörer aus. Vielleicht möchten Sie das Licht dämpfen, aber verdunkeln Sie das Zimmer nicht ganz. Setzen Sie sich auf Ihren gewählten Platz. Lockern Sie engsitzende Kleidungsstücke, entspannen Sie sich, und tun Sie ein paar tiefe Atemzüge. Hetzen Sie sich nicht, und denken Sie in diesem Stadium nicht daran, Kontakt mit der geistigen Welt aufzunehmen. Vorläufig werden Sie sich darauf konzentrieren, sich selbst kennenzulernen.
  Schauen Sie nun in den Spiegel. Konzentrieren Sie sich stetig auf das Gesicht, das Sie sehen. Sie glauben, es sehr gut zu kennen. Sie sehen es jeden Morgen, wenn Sie vor dem Spiegel im Badezimmer stehen, aber wie gut kennen Sie die Person dahinter wirklich? Blicken Sie starr in die Augen. Es heißt, die Augen seien der Spiegel der Seele. Es muß dann auch heißen, daß Sie, wenn Sie den Spiegel Ihrer Seele polieren, Gottes Antlitz in ihm leuchten sehen werden.
  Seien Sie sich bewußt, daß die physische Form nicht das wahre Ich ist. Sagen Sie sich: »Ich bin nicht dieser Körper.« Und gehen Sie tiefer in sich hinein.
  Denken Sie jetzt darüber nach, was Sie fühlen. Sind Sie glücklich oder traurig, ruhig oder unruhig? Oft werden wir von unseren Emotionen beherrscht. Sie sind stärker als unsere Vernunft. Wir lieben, wir hassen, und wir glauben, daß wir uns selbst nicht Einhalt gebieten können. Aber Emotionen sind vergänglich. Was einst wichtig zu sein schien, ist ein Jahr

später oder sogar schon am nächsten Tag vergessen. Kritisieren oder verurteilen Sie sich nicht, beobachten Sie einfach, was Sie fühlen. Und seien Sie sich bewußt, daß diese intensiven Gefühle der Leidenschaft, der Angst oder der Wut einfach Sturmböen auf der Wasseroberfläche sind. Darunter ist der Ozean ruhig.

Gehen Sie also einen Schritt zurück. Lösen Sie sich von Ihren Emotionen. Sagen Sie sich: »Ich bin nicht diese Gefühle. Ich besitze sie, aber sie besitzen mich nicht.« Und fragen Sie sich, wer derjenige ist, der fühlt.

Gehen Sie abermals tiefer. Der Geist ist wie ein Brunnen. Doch wie tief Sie auch in ihn hineinstarren, Sie werden niemals den Grund erreichen, aber gehen Sie so tief, wie Sie können. Lassen Sie all das unruhige Geplapper des Geistes verhallen. Versuchen Sie nicht, Ihre Gedanken zum Schweigen zu bringen. Es ist unmöglich, den Geist zu leeren. Sitzen Sie einfach da, und beobachten Sie die Gedanken, als würden Sie darauf warten, daß ein Laufwerkmechanismus an Schwung verliert. Es kann lange dauern, aber schließlich wird Stille eintreten. Und in dieser Stille fragen Sie sich: »Wer denkt diese Gedanken?« Versuchen Sie, mit diesem tiefsten Teil von Ihnen in Berührung zu kommen, und seien Sie sich bewußt, daß es das innere Selbst ist, was Sie wahrhaftig sind.

Reichen Sie jetzt zur geistigen Welt hinüber, zu jenen Führern, die Sie betreuen. Machen Sie sich in diesem Stadium keine Gedanken darüber, Individuen zu unterscheiden, seien Sie sich einfach bewußt, daß man über Sie wacht und Sie beschützt. Senden Sie Ihre Liebe aus, und versuchen Sie, die Reaktion zu spüren. Diese muß nicht in Worten oder Bildern erfolgen. Das Wissen im Herzen genügt. Und wenn Sie glauben, daß es der richtige Zeitpunkt für Sie ist, und wenn Sie sicher sind, daß Medialität der Weg ist, den Sie beschreiten möchten, vollziehen Sie Ihre eigene Handlung der Hingabe. Sie können die folgenden Worte verwenden, oder vielleicht ziehen Sie es vor, sich eigene auszudenken:

Heiliger, himmlischer Vater, nimm meinen Dienst als Instrument des Lichtes an. Laß mich ein klarer Kanal für die Strah-

lenden sein, die neben mir gehen, auf daß wir zusammenarbeiten können, um all den Bedürftigen Trost, Liebe und Heilung zu geben und der Welt zu beweisen, daß es den Tod nicht gibt.
Hegen Sie diese Gedanken kontinuierlich ein paar Minuten lang. Wenn Sie das Gefühl haben, es ist genug, bedanken Sie sich, und schließen Sie sich psychisch, indem Sie sich vorstellen, daß weißes Licht Sie wie ein Mantel dicht umhüllt (für weitere Informationen darüber siehe die Übung am Ende des Kapitels). Damit Sie schließlich wieder vollständig auf die Erde zurückkommen, sollten Sie etwas essen oder trinken.

Jedesmal, wenn Sie meditieren, bestätigen Sie erneut Ihre Verbindung mit der geistigen Welt. Auf diese Weise werden Sie Ihre eigene Regenbogenbrücke bauen und sie immer stabilisieren und sicherer gestalten. Vor Ihnen liegt noch immer ein weiter Weg, aber Sie werden den ersten und wichtigsten Schritt getan haben. Jetzt kommt der nächste Schritt. Sind Sie medial veranlagt? Auf Anhieb sagen Sie vielleicht »nein«, aber in diesem Punkt unterschätzen Sie sich wahrscheinlich selbst.

# 8. Die Anfänge des Bewußtseins

## Einen »sechsten Sinn« haben

»Ich bin nicht medial veranlagt, aber ...« Wie oft habe ich das schon gehört! Und daraufhin erzählt der Sprecher von einem Vorfall, der beweist, daß er medial veranlagt *ist*, auch wenn sich dies nur in seltenen Augenblicken zeigt.

Übersinnlich oder medial veranlagt zu sein ist nicht dasselbe wie ein Medium zu sein, und dieses Buch handelt nicht davon, wie man übersinnliche Fähigkeiten *per se* entwickeln kann. Wenn Sie jedoch Ihre Medialität entwickeln möchten, dann werden Sie nicht nur lernen müssen, zu meditieren und den Geist zu beruhigen, sondern auch Ihre übersinnliche Wahrnehmung steigern müssen, bevor Sie anfangen können, sich auf die geistige Welt einzustimmen.

In diesem Kapitel werde ich in groben Zügen einige hilfreiche Übungen darstellen, die Sie entweder allein oder in einer Gruppe gleichgesinnter Freunde ausprobieren können. Diese Übungen sind dafür bestimmt, Sie zur Entwicklung der Medialität hinzuführen. Aber zuerst möchte ich ein wenig darüber sagen, was es bedeutet, übersinnlich veranlagt zu sein. Woher kommen diese Kräfte, und wie können wir sie in uns erkennen?

Vielleicht meinen Sie, Sie seien überhaupt nicht übersinnlich, aber seien Sie da nicht allzu sicher. Die bloße Tatsache, daß Sie dieses Buch in den Händen halten, deutet darauf hin, daß Sie Interesse an übersinnlichen Themen haben, und das ist doch schon mal etwas. Übersinnlich, intuitiv zu sein oder einen »sechsten Sinn« zu haben, wie auch immer Sie es nennen möchten, bedeutet nicht, daß Sie irgendeine mystische Kraft besitzen, die gewöhnlichen Sterblichen versagt ist. Sehr viele Menschen – ich würde sagen, die Mehrheit der Bevölkerung – sind zu einem gewissen Grade übersinnlich. Übersinnliche Fähigkeiten sind Teil des Funktionierens unseres inneren Wesens oder unserer Seele, und wir alle sind ja Seelen innerhalb dieser materiellen Körper. Weil viele Menschen es jedoch abstreiten oder sich dessen nicht bewußt sind, daß diese Seele existiert, hören sie unglücklicherweise nicht, wenn sie versucht, ihnen etwas zu sagen.

Die Anzeichen für übersinnliches Bewußtsein sind sehr subtil. Es sind die Eingebungen, die wir empfangen und gewöhnlich – zu unserem Schaden – ignorieren. Sie gehen zum Beispiel an einem schönen Tag ohne Regenschirm aus, obwohl etwas in Ihnen Sie warnt, daß es regnen wird – und anschließend geraten Sie in einen Regenguß. Oder Sie leihen jemandem Geld, der ein ehrliches Gesicht hat, obgleich Sie spüren, daß man ihm nicht vertrauen sollte, und dann sehen Sie ihn oder das Geld nicht wieder. »Wenn ich nur auf meine innere Stimme gehört hätte!« werfen Sie sich vor. Es ist Ihr inneres Selbst, das spricht – und Sie hätten sich viel Ärger erspart, wenn Sie es beachtet hätten.

Es ist der Fehler unserer Gesellschaft, in der wir leben, daß wir unseren sechsten Sinn unterdrücken. Die Wissenschaft ist der Gott unseres Zeitalters, und die Wissenschaft hat uns darauf programmiert zu denken, daß nichts außerhalb des Materiellen existiert und daß alles, was darüber hinauszugehen scheint, als Aberglaube oder Halluzination abgetan werden sollte. Selbst in der heutigen Zeit, wo die Existenz von außersinnlichen Kräften wie Telepathie, Hellsehen und außerkörperliche Erfahrungen immer wieder unter Laborbedingungen demonstriert wurde, wird die Parapsychologie von Wissenschaftlern immer noch nicht ernst genommen, und jeder Wissenschaftler, der diese Forschung unterstützt, wird von Kollegen verspottet und muß um seinen guten Ruf fürchten.

Die Einstellung sickert durch in die Öffentlichkeit mit dem Resultat, daß die meisten Menschen sich davor hüten, einen Glauben an das Übernatürliche zuzugeben, für alle Fälle, um ja nicht ausgelacht zu werden. Tatsächlich ist jedoch nichts Übernatürliches daran, übersinnlich zu sein. Eigentlich gibt es überhaupt nichts »Übernatürliches« – lediglich Naturgesetze, die wir noch nicht ganz verstehen. Und es können nur sehr wenige Menschen sein, die nicht irgendwann in ihrem Leben eine übersinnliche Erfahrung gemacht haben. Das muß gar nichts Dramatisches sein, sondern es kann sich um etwas ganz Einfaches handeln; so können Sie zum Beispiel an einen Freund denken, den Sie schon lange nicht mehr gesehen haben, und noch am selben Tag ruft dieser Sie an. »Was für ein Zufall!« werden Sie sagen. Ich behaupte ja nicht, daß es keine Zufälle gibt – aber gewöhnlich ist so etwas mehr als bloßer Zufall.

## Übersinnliche Träume

Übersinnliche Fähigkeit zeigt sich oft in Träumen. Wenn Sie über längere Zeit Buch über Ihre Träume führen, werden Sie vielleicht überrascht feststellen, daß viele von ihnen prophetisch sind. Das soll nicht heißen, daß sie sich in jedem Detail bewahrheiten, aber einige der Elemente werden vorhanden sein.

Das können Sie selbst überprüfen. Vielleicht führen Sie bereits ein Traumtagebuch. Wenn nicht, dann ist dies eine gute Gelegenheit, um damit anzufangen. Legen Sie ein Notizbuch oder einen Kassettenrecorder neben Ihr Bett, und halten Sie alles aus Ihren Träumen fest, woran Sie sich erinnern können. Überprüfen Sie die Aufzeichnungen sorgfältig auf irgendwelche Vorahnungen. Diese können alle möglichen Formen annehmen. Vielleicht träumen Sie von etwas, das sich am nächsten Tag ereignet, von jemandem, dem Sie begegnen, sogar von einem Bild in einem Buch oder von etwas, was Sie im Fernsehen gesehen haben. Oft geht es um sehr triviale Dinge, oder ein unbedeutendes Ereignis kann sich in einer höchst dramatisierten Form zeigen. Ich träumte einmal, daß das Haus nebenan niederbrannte. Am nächsten Tag zündeten die Nachbarn ihren Grill an, was zwar mit Rauchwolken endete, aber nicht mit einem ernsthaften Schaden!

Sensitivität gegenüber der Atmosphäre ist ein weiteres Anzeichen für übersinnliches Bewußtsein. Sie können ein Haus betreten und wissen sofort, ob es ein trauriger oder glücklicher Ort ist. Die Eindrücke, die Sie aufnehmen, können von den gegenwärtigen Bewohnern ausgehen oder von den früheren Bewohnern verursacht worden sein. Viele Sensitive halten sich höchst ungern in Menschenmassen auf. Die Energien und Gedanken all dieser Leute empfinden sie als bedrückend und beunruhigend. Je sensitiver Sie werden, um so unerträglicher ist es, einer durch Menschenansammlungen oder durch Disharmonie geschaffenen Atmosphäre ausgesetzt zu sein.

Ob Sie im Leben Glück oder Pech haben, steht gleichfalls im Zusammenhang mit Ihrem Grad an Sensitivität. Manche Menschen haben den Bogen raus, zur richtigen Zeit am richtigen Ort zu sein. Ihnen lacht das Glück. Das Pferd, auf das sie setzen, erobert den ersten Platz. Bei anderen Menschen verhält es sich genau umgekehrt. Die Pferde, auf die sie wetten, kommen nicht ins Ziel. Wenn ein Blitz aus heiterem Himmel einschlägt, wird er ihr Haus treffen. Unser inneres Selbst ist weiser als unser materielles Bewußtsein. Wann immer Intuition und Vernunft aneinandergeraten, kann man fast sicher sein, daß die Intuition recht behält und die Vernunft unrecht haben wird. Wenn Sie sich der Vorahnungen, die von innen kommen, bewußt sind und ihnen folgen, wird Ihr Lebensweg sehr viel geebneter sein.

## Überprüfen Sie Ihre übersinnlichen Fähigkeiten

- Mit Hilfe eines Kartenspiels können Sie Ihre übersinnlichen Fähigkeiten auf einfache Weise überprüfen. Verteilen Sie die Karten mit der Bildseite nach unten auf dem Tisch. Entspannen Sie sich so gut wie möglich – jede Anspannung oder Anstrengung wird eine geistige Sperre errichten. Wählen Sie willkürlich eine Karte, und finden Sie heraus, ob Sie ahnen können, um welche es sich handelt.
  Lassen Sie sich dabei jedoch nicht allzuviel Zeit. Der erste Eindruck, der Ihnen in den Sinn kommt, wird wahrscheinlich richtig sein. Wenn Sie überhaupt keine Idee haben, können Sie Ihren Geist anregen, indem Sie sich selbst fragen: Ob die Karte wohl rot oder schwarz ist? Ist es eine Bildkarte? Ist sie stark bedruckt oder nicht? Vielleicht erhalten Sie ein geistiges Bild; vielleicht ist es einfach ein »Wissen«. Probieren

Sie diese Übung nicht zu viele Male nacheinander aus. Der Geist ist schnell angespannt und gelangweilt, und die Konzentration läßt nach. Üben Sie täglich ein paar Minuten. Glauben Sie daran, daß Sie es schaffen können, und Sie werden es schaffen – nicht jedesmal, aber oft genug, um ermutigt zu werden.

Für diese Übung kann man auch Tarotkarten verwenden. Die mannigfaltigen Darstellungen auf den Karten geben dem Unterbewußtsein intensive Bilder, an denen es arbeitet. Es kann passieren, daß Sie nicht das ganze Bild, sondern nur ein kleines Detail der Darstellung aufnehmen. Da das Tarot voll von Symbolik ist, kann Ihnen die symbolische Bedeutung der Karte in den Sinn kommen. Versuchen Sie zu diesem Zeitpunkt nicht, die Karten zu lesen oder die Zukunft vorherzusagen, weder für sich selbst noch für jemand anderen. Um das Tarot interpretieren zu können, bedarf es eines langen und komplexen Studiums sowie eines hochentwickelten intuitiven Könnens. Die Ergebnisse könnten irreführend oder beunruhigend sein, falls Sie zufällig Karten ziehen, die vor bevorstehendem Unglück zu warnen scheinen.

Bei einer anderen Übungsmethode versuchen Sie, den Inhalt von Briefen zu erahnen, ohne sie zu öffnen. Halten Sie den Umschlag leicht zwischen Ihren Fingern, oder drücken Sie ihn an die Stirn. Finden Sie heraus, ob sie »spüren« können, wovon der Brief handelt, oder ob Sie einen Eindruck von der Persönlichkeit des Absenders erhalten können. Ähnlich können Sie mit Ihren Geburtstags- oder Weihnachtsgeschenken verfahren: Halten Sie das Paket in der Hand, und versuchen Sie zu spüren, was sich darin befindet. Wenn Sie gut darin werden, wird es Ihre Freunde und Verwandten verblüffen!

Farbe kann ein sehr nützliches Hilfsmittel bei der Entwicklung übersinnlicher Fähigkeiten sein. Bedenken Sie, daß jegliche Eindrücke, die Sie erhalten, zunächst auf einer unterbewußten Ebene empfangen werden und dann zum Bewußtsein durchsickern, und das Unterbewußtsein reagiert überaus sensibel auf Farben. Besorgen Sie sich quadratische Papier- oder Stoffstücke in leuchtenden Farben, und legen Sie sie in getrennte Umschläge. Natürlich muß der Umschlag dick genug sein, damit die Farbe nicht hindurchschimmert. Dann nehmen Sie einen der Umschläge in die Hand und versuchen zu erahnen, welche Farbe sich in ihm befindet. Möglicherweise werden Sie feststellen, daß einige der Farben, nämlich diejenigen, zu denen Sie sich spontan hingezogen fühlen, leichter zu »empfangen« sind als andere.

## Telepathische Experimente

Wenn Sie eine kleine Gruppe von Freunden zusammenbringen können, möchten Sie vielleicht einige Experimente in Telepathie beziehungsweise in der Kommunikation auf geistiger Ebene ausprobieren. Das wird Ihnen ganz gelegen kommen, wenn Sie dabei sind, Ihre Medialität zu entwickeln. Der gesamte Vorgang der Kommunikation zwischen dem Medium und jenen in der geistigen Welt basiert auf Telepathie, so daß es hilfreich ist, die Funktionsweise der Telepathie zu verstehen. Darüber hinaus werden ein für allemal jegliche zurückbleibenden Gedanken zerstreut, die Sie vielleicht hegen, daß Medien alle ihre Informationen telepathisch aus dem Bewußtsein des Konsultanten beziehen. Ein paar Versuche mit Gedankenlesen sollten ausreichen, um Sie davon zu überzeugen, daß dies wirklich bei weitem schwieriger ist, als Informationen durch den Kontakt mit der geistigen Welt zu erhalten.

- Zweifellos werden Sie und Ihre Gruppe sich viele verschiedene Experimente ausdenken, die Sie ausprobieren können, so daß ich Ihnen nur ein paar Anregungen geben werde, damit Sie anfangen können. Halten Sie Ihre bunten Papierbögen bereit, und lassen Sie ein Mitglied der Gruppe sich auf die Farbe konzentrieren und versuchen, sie zur übrigen Gruppe zu »senden«. Die Person, die die Farbe »aussendet«, sollte versuchen, das Bewußtsein der Gruppenmitglieder mit ihr zu überfluten. Sie sollte an etwas denken, was mit dieser Farbe assoziiert wird. Bei der Farbe Blau beispielsweise stellt sie sich einen blauen Himmel oder blaues Meer vor und versucht, diese Vorstellung auch zu übertragen.

Rüsten Sie alle Mitglieder der Gruppe mit Notizblock und Bleistift aus. Dann soll ein Mitglied nach dem anderen ein Bild oder eine geometrische Figur zeichnen und versuchen, den anderen dieses Bild zu übersenden, die wiederum das Empfangene zeichnerisch darstellen. Die Zeichnungen sollten ziemlich einfach gehalten werden. Die anderen Mitglieder nehmen vielleicht die allgemeine Form auf, selbst wenn sie nicht wissen, um welchen Gegenstand es sich handelt.

Ein Mitglied der Gruppe denkt an einen Namen, schreibt ihn auf seinen Notizblock und wiederholt ihn mehrmals, natürlich still für sich. Finden Sie nun heraus, ob ein anderer den Namen empfangen kann.

So einfach diese Experimente auch sein mögen, sie sollten dennoch einige interessante Ergebnisse liefern. Es wird sich bald herausstellen, daß einige Gruppenmitglieder Bilder besser senden und andere sie besser empfangen können. Die Empfänger haben möglicherweise das größere mediale Potential, weil ihr Bewußtsein passiver und aufnahmefähiger ist.

Ihre Experimente werden Ihnen ferner dabei helfen, einige der Schwierigkeiten der geistigen Kommunikation zu verstehen. Beispielsweise bin ich sicher, daß Sie das letzte von mir vorgeschlagene Experiment, bei dem Namen übermittelt werden sollten, am wenigsten erfolgreich fanden. Das Unterbewußtsein funktioniert eher in Bildern als in Worten. Es ist sehr schwierig, einen Namen zu übersenden, besonders einen ungewöhnlichen, den der Empfänger nicht kennt. Aus diesem Grund kann ein Medium außerstande sein, den Namen eines Kommunikators weiterzugeben, auch wenn es eine genaue Beschreibung seines Aussehens oder seiner charakteristischen Eigenschaften liefern kann. Gewöhnliche Namen, mit denen das Medium vertraut ist, werden viel leichter verstanden, aber Nachnamen oder ausländische Namen sind äußerst schwer zu empfangen.

Manchmal wird der Empfänger nicht das vom Sender übermittelte Bild aufnehmen, sondern etwas, was mit ihm assoziiert wird. Wenn Sie zum Beispiel ein Dreieck zeichnen und Ihr Freund, dem Sie dieses Bild zuzusenden versuchen, sich für Ägypten interessiert, dann kann er den Eindruck von einer Pyramide aufnehmen. Auch das ist eine Lektion bei dem Problem mit der Medialität: Ein Geistkommunikator sendet einem Medium vielleicht einen Gedanken, der eine starke Assoziation in seinem Bewußtsein auslöst und es dazu veranlaßt, die Botschaft zu verzerren.

Sie werden ferner die Bedeutung der rechten geistigen Einstellung lernen. Sie müssen Ihr Bewußtsein dazu bringen, passiv zu sein, um empfangen zu können, aber gleichzeitig müssen Sie wach und aufmerksam sein. Es ist, als würden Sie ein Radio sehr fein auf einen weit entfernten ausländischen Sender einstellen, wobei die geringste Abweichung der Nadel nach beiden Seiten bedeutet, daß der Empfang der Sendung gestört ist. Aber Sie selbst sind das Radio, und wenn Sie sich in einem beunruhigten emotionalen Zustand befinden, sich zu sehr anstrengen, müde sind oder sich unwohl fühlen, dann wird der Empfang zwangsläufig undeutlich sein. Versuchen Sie, entspannt zu bleiben, und genießen Sie das, was Sie tun, ohne sich allzu viele Gedanken darüber zu machen, ob es erfolgreich ist oder nicht.

## Psychometrie

Einer der besten Wege, wie Sie Ihre übersinnliche Fähigkeit in Vorbereitung auf die mediale Entwicklung erhöhen können, besteht darin, Psychometrie zu praktizieren. Jedes Objekt birgt Eindrücke von den Menschen, denen es gehört und die es berühren. Psychometrie ist die Kunst, diese Eindrücke zu »lesen«. Bewegen Sie einige Ihrer Freunde dazu, Ihnen Gegenstände zu leihen, an denen Sie üben können. Schmuck und Uhren sind ideal, da Metall die Eindrücke besser bewahrt als Stoff oder Plastik. Vorzugsweise sollten es keine Gegenstände sein, die den betreffenden Freunden gehören, falls Sie sie sehr gut kennen, aber sie sollten jemandem gehören, den diese kennen, damit Sie die Resultate auf Richtigkeit überprüfen können.

- Halten Sie den Gegenstand in der Hand, und konzentrieren Sie sich auf die Gedanken und Eindrücke, die Ihnen in den Sinn kommen. Versuchen Sie, ein Bild von dem Besitzer des Gegenstandes aufzubauen. Auch hierbei können Sie sich selbst Fragen stellen. Spüren Sie beispielsweise, ob der Besitzer ein Mann oder eine Frau ist? Ist er jung oder alt, glücklich oder traurig, dick oder dünn? Verweilen Sie bei den Fragen nicht allzu lange, da sonst Ihre Phantasie anfangen wird, sich einzumischen.
  Was Ihnen in den Sinn kommt, ist vielleicht nicht mehr als eine Reihe zusammenhangloser geistiger Bilder, aber machen Sie sich Notizen von jedem Bild, da sich die meisten, wenn nicht sogar alle, auf den Besitzer des Gegenstandes beziehen werden. Es ist, als würden Sie das Bewußtsein dieser Person anzapfen und Eindrücke von Dingen, die mit ihr in Verbindung stehen – wie Menschen, Orte oder Ereignisse –, empfangen.

Es ist interessant, mit sehr alten Gegenständen zu experimentieren, wie zum Beispiel mit Steinen von historischen Stätten, Münzen oder beliebigen uralten Artefakten, die Sie bekommen können. Bei solchen Gegenständen werden die Eindrücke eher von den mit ihnen assoziierten Zeiten und nicht so sehr von einzelnen Personen handeln.

Wenn der Gegenstand mehr als einen Besitzer hatte, werden Ihre Eindrücke wahrscheinlich verworren sein. Sie werden den neuesten oder den Besitzer mit der stärksten Persönlichkeit am intensivsten empfangen. Verwechseln Sie Psychometrie nicht mit Medialität. Wenn der Besitzer des Gegenstandes verstorben ist, können Sie in der Lage sein, ihn zu beschreiben, aber Sie sollten nicht davon ausgehen, daß Sie auch Kontakt mit ihm haben; Sie »lesen« lediglich den Gegenstand. Einige Medien setzen Psychometrie als Hilfsmittel ein, um eine Verbindung mit jemandem in der geistigen Welt herzustellen, aber das ist keine gute Vorgehensweise, weil sie dazu führen kann, daß Sie meinen, Sie würden mit der Person kommunizieren, während die Eindrücke, die Sie empfangen, tatsächlich von dem Gegenstand herrühren, und sonst nichts.

## Lernen, die Aura zu sehen

Ein weiteres Thema, das eine bedeutende Rolle bei der Medialität spielt, ist die Aura. Sie kann als ein Kraftfeld definiert werden, das den menschlichen Körper in einer annähernd ovalen Form umhüllt. Sie besteht aus mehreren unterschiedlichen Lagen oder Schichten, die dem ätherischen, astralen und den anderen unsichtbaren Körpern, aus denen wir uns zusammensetzen, entsprechen.

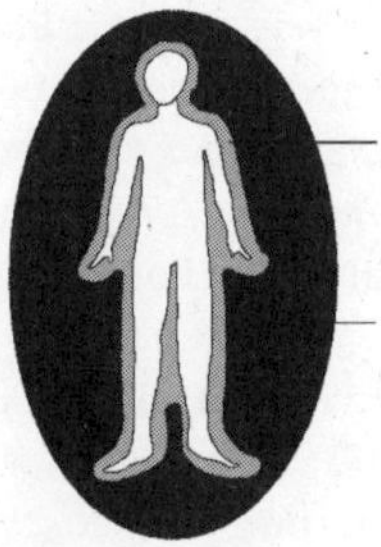


*Die ätherische und die astrale Aura*

Die Existenz der Aura wurde bis zu einem gewissen Grade durch die Wissenschaft verifiziert. Im Jahre 1908 entwickelt Dr. Walter Kilner einen Bildschirm, der aus zwei Glasscheiben mit einer Steinkohlenteerlösung aus Dicyanin dazwischen bestand, durch den er die Auren der Patienten sehen konnte. Nach einer Weile wurde seine innere Sehkraft durch den Einsatz des Bildschirms derart sensibilisiert, daß er imstande war, die Aura mit bloßem Auge zu erkennen.

Eine jüngere Innovation ist die Kirlian-Fotografie. Bei dieser Technik, die vor etwa fünfzig Jahren von dem russischen Ehepaar Semjon und Valentina Kirlian entwickelt wurde, wird die von lebendigen Objekten abgestrahlte Energie fotografiert. Ob diese Bilder tatsächlich die Aura oder eine Art von elektrischer Entladung festhalten, ist ein Thema für wissenschaftliche Debatten, aber die Resultate deuten darauf hin, daß irgendeine Kraft präsent ist, die das Physische überschreitet.

So stellten die Kirlians fest, daß, wenn sie ein entzweigeschnittenes Blatt fotografierten, die fehlende Hälfte des Blattes oder sein ätherisches Gegenstück auf der Platte sichtbar ist. Werden die Hände eines Heilers fotografiert, während er Heilung aussendet, sind die Energielinien, die den Fingerspitzen entströmen, stärker und heller, als wenn er die Kraft nicht konzentriert. Und eine interessante Wirkung fiel bei Medien auf. Trägt ein Medium einen Ehering, zeigt sich auf dem entwickelten Abzug eine weiße »Blase« in dem Band.

Kirlian-Apparate findet man auf vielen Esoterik-Messen, wo man seine Hände fotografieren lassen kann. Auf Esoterik-Messen werden Sie außerdem auf eine aufregende Neuentwicklung stoßen, sogenannte *Aura-Vision-Kameras*. Dies ist eine neue Technik, die in den USA (wo sonst?) erfunden wurde und jetzt in Europa sehr populär wird. Die Fotos zeigen die Aura in Farbe, auch wenn schwer zu sagen ist, wie präzise sie sind. Berater sind immer zur Stelle, um dem Interessierten die Farben zu interpretieren.

Aber ob ihre Existenz nun wissenschaftlich bewiesen werden kann oder nicht, die Aura ist etwas, dessen wir uns alle auf einer unterbewußten Ebene bewußt sind. Das spiegelt sich in unserer Sprache wider. Wir verwenden Ausdrücke wie »grün vor Neid sein« oder »sich grün und blau ärgern«. Wir fühlen uns instinktiv zu Menschen hingezogen, mit denen unsere Auren harmonieren, und gehen solchen aus dem Weg, mit denen sie unvereinbar sind. Charismatische Menschen haben eine starke Aura, die sich ziemlich weit um sie herum ausdehnt, und andere fühlen sich zu ihnen hingezogen, um sich in ihrer Energie zu aalen. Umgekehrt sind einige Individuen »psychische Vampire«. Nach einer Weile werden Sie sich in ihrer Gesellschaft erschöpft fühlen, weil sie die Vitalität aus Ihrem Ätherfeld herausgesogen haben.

Lernen, die Aura zu sehen, bietet Ihnen eine gute Möglichkeit, Ihre Sensitivität zu kultivieren. Es gibt verschiedene Wege, auf denen Sie sich darin schulen können.

*Übungen, die Ihnen helfen, Auren zu sehen*

- Setzen Sie sich in einen verdunkelten Raum, und entspannen Sie sich. Halten Sie die Hände vor sich, wobei sich die Fingerspitzen berühren. Dann ziehen Sie langsam die Finger auseinander und beobachten, ob Sie die Linien von Energie sehen können, die aus ihnen fließen.

  Für die nächste Übung werden Sie einen Freund um Hilfe bitten müssen. Der Raum ist wieder dunkel, aber nicht stockdunkel. Ihr Freund soll sich vor einen dunklen Hintergrund setzen. Blicken Sie ihn nicht direkt an. Sehen Sie an ihm vorbei, und lassen Sie Ihre Augen umscharf werden. Es gibt einen Trick dabei, der nicht einfach zu erklären ist, aber Sie werden es merken, wenn Sie es richtig gemacht haben.

  Wahrscheinlich werden Sie zuerst einen etwa drei bis vier Zentimeter breiten weißlich-grünen Nebel bemerken, der dem Umriß des Körpers folgt. Das ist die ätherische Aura. Wenn Sie Glück haben, können Sie über sie hinaus verschiedene, sich aus farbigen Flecken zusammensetzende Bänder sehen. Dieser Teil der Aura entspricht dem Astralkörper.

Es würde ein eigenes Buch füllen, die Interpretation dieser Farben zu erklären. Für den Fall, daß Sie sich mit diesem Thema näher beschäftigen möchten, verweise ich auf die »Bibliographie und Literaturempfehlungen« am Schluß des vorliegenden Buches. Falls Sie entmutigt sind, weil sich augenscheinlich kein Fortschritt einstellt, mag es beruhigend sein zu wissen, daß trotz allem, was die Bücher sagen, viele Medien, mich selbst eingeschlossen, die Aura überhaupt nicht sehen. Aber ich spüre sie, und das kann ebenso zuverlässig sein.

- Möglicherweise fällt es Ihnen leichter, zu spüren als zu sehen. Um herauszufinden, ob dies zutrifft, müssen Sie noch einmal den Beistand Ihres überstrapazierten Freundes in Anspruch nehmen. Diesmal ist es nicht nötig, den Raum zu verdunkeln. Setzen Sie Ihren Freund auf einen Stuhl, und plazieren Sie Ihre Hände etwa dreißig Zentimeter über seinen Kopf. Dann führen Sie Ihre Hände langsam nach vorn zum Kopf hin. An einer Stelle, gewöhnlich fünf bis sieben Zentimeter vom Körper entfernt, sollten Sie einen leichten Widerstand wahrnehmen, so als würde man an eine unsichtbare Grenze stoßen. Das ist der Rand der ätherischen Aura. Wenn Ihr Freund körperlich gut entwickelt oder sehr vital ist, kann sich die Aura weiter als bis dorthin erstrecken; wenn er müde und erschöpft ist, wird das aurische Feld schwächer und schwieriger wahrzunehmen sein.

Verfolgen Sie den Umriß der Aura um den Körper herum. Spüren Sie an irgendeiner Stelle eine Veränderung im Energiepegel? Spüren Sie eine bestimmte Farbe? Wenn sich in Ihren Fingern ein Prickeln bemerkbar macht, kann dies auf ein Potential zum Heilen hinweisen.

Die Fähigkeit, die Aura zu spüren, wird Ihnen als Medium helfen, sich auf Ihre Konsultanten einzustimmen. Sie wird außerdem Ihr Gewahrsein der Astralebene verstärken. Und dann werden Sie bereit sein, sich auf den wichtigsten Teil Ihrer Reise einzulassen – das Errichten Ihrer eigenen Regenbogenbrücke, um sich mit der geistigen Welt zu verbinden.

# 9. Schule für Medien

## Die mediale Fähigkeit

Vielleicht haben Sie eine spiritistische Kirche besucht oder einer öffentlichen Demonstration von Hellsehen beigewohnt und sich gefragt, wie das Medium arbeitet. Wir kommt es an die Namen und andere Informationen, die es sich aus der Luft zu greifen scheint? Die nächsten Kapitel handeln davon, was dabei eigentlich vor sich geht und wie diese Begabung ausgebildet wird. Um es gleich vorwegzunehmen: Es gibt kein Wundermittel, mit dem Sie zu einem Medium werden können, wenn Sie nicht das Potential dazu haben, aber es stehen erprobte und bewährte Methoden zur Verfügung, um Ihre latente Fähigkeit ans Tageslicht zu bringen. Wenn Sie Gebrauch von ihnen machen und sich die Zeit nehmen, ernsthaft daran zu arbeiten, werden Sie imstande sein, eine Brücke der Kommunikation mit der geistigen Welt zu errichten, die es Ihnen ermöglicht, als zuverlässiges Instrument eingesetzt zu werden.

Es sollte gleich am Anfang gesagt werden, daß der Beweggrund äußerst wichtig ist. Es hat keinen Sinn, wenn Ihre Medialität Ihnen zu Ruhm und Reichtum verhelfen soll oder Sie sich auf ein Podest stellen und Ihre Mitmenschen beeindrucken wollen. Es wird nichts Geringeres verlangt als völlige Verpflichtung. Für Eileen Roberts, die Vorsitzende des Institute of Spiritualist Mediums, ist Medialität eine göttliche Berufung: »Medien sind Vehikel für Gottes Werk. Es ist eine heilige Gabe. Viele Menschen meinen, sie können über Nacht zum Medium werden. Ihnen fehlt sowohl die Hingabe als auch die Ausbildung.«

Wenn Sie das Gefühl haben, diese Hingabe zu besitzen, und wenn Sie tief in Ihrem Inneren davon überzeugt sind, diesem Weg folgen zu wollen, müssen Sie zunächst einmal herausfinden, ob Sie das Zeug zu einem Medium haben. Falls Sie mit einigen oder allen Übungen, die im letzten Kapitel vorgeschlagen wurden, experimentiert haben und ein gewisses Maß an Erfolg verbuchen konnten, ist das ein Hinweis darauf, daß Ihre übersinnliche Kraft funktioniert. Aber haben Sie auch die Fähigkeit zur Medialität? Wie ich bereits angedeutet habe, besteht zwischen beiden ein wichtiger Unterschied.

Vielleicht hatten Sie bereits Kontakt mit der geistigen Welt in der Form, wie ich sie weiter oben beschrieben habe, und haben eine Präsenz wahrgenommen, eine Stimme gehört oder einfach dieses innere Wissen gespürt, das so schwer in Worte zu fassen ist. Wie kurz oder schwach der Kontakt auch sein mag, alle diese Dinge deuten darauf hin, daß Sie bereits eine Verbindung mit der höheren Dimension haben, und das genügt fürs erste. Aber auch wenn Ihnen nichts dergleichen widerfahren ist und Sie sich nach wie vor dazu hingezogen fühlen, dem nachzugehen, folgen Sie dieser Stimme – es ist Ihr Geist, der Sie ruft!

Als Kind besaß ich keine außergewöhnliche Begabung. Meine Mutter war medial begabt, auch wenn sie es nicht zugab, und ich muß wohl etwas davon von ihr geerbt haben. Früher hatte ich gelegentlich Vorahnungen und Träume, die sich bewahrheiteten. Ferner nahm ich geistige Präsenzen wahr, was bei vielen Kindern vorkommt, und hörte Stimmen, die in meinem Kopf zu mir sprachen, aber sie waren undeutlich und vermischten sich mit meiner Phantasie. Als ich mich für den Spiritismus zu interessieren begann und zu der Überzeugung gelangte, daß ich gern ein Medium sein wollte, war das alles, worauf ich bauen konnte.

## Entwicklungsgruppen

Glücklicherweise wurde mir ein guter Start zuteil. Ein Medium in der Kirche, die ich besuchte, nahm mich unter seine Fittiche und lud mich ein, mich seiner Entwicklungsgruppe anzuschließen. Das war der Beginn eines langen Lernprozesses, der im Grunde nie aufhört, denn je mehr Sie über Geistkommunikation erfahren, um so besser erkennen Sie, daß wir noch immer lediglich an der Oberfläche eines unermeßlichen Gebietes kratzen.

Nun, da ich selbst Medialität lehre, vermag ich das weiterzugeben, was ich gelernt habe. Ich will damit nicht behaupten, daß einzig und allein meine Methoden Gültigkeit haben. Ich will damit nur sagen, daß sie bei mir funktionieren und hoffentlich auch Ihnen helfen werden.

Als erstes würde ich jedem Möchtegern-Medium empfehlen, sich seiner lokalen spiritistischen Kirche anzuschließen. Medialität ist ansteckend wie die Masern. Dadurch, daß Sie sich in dieser Umgebung bewegen, wird Ihre Fähigkeit stimuliert, und Sie erhalten außerdem die Gelegenheit zu erleben, wie Medien arbeiten. Der nächste Schritt ist, sich eine Entwicklungsgruppe zu suchen. Vielleicht ist Ihrer Kirche eine solche Gruppe angegliedert. Andernfalls bieten verschiedene Organisationen wie das College of Psychic Studies und die Spiritualist Association of Great Britain Übungskurse an (siehe Anhang »Nützliche Adressen« weiter hinten im Buch).

Wenn Sie sich um Aufnahme bemühen, wird man Sie wahrscheinlich zu einem Vorstellungsgespräch einladen, bei dem eingeschätzt wird, ob Sie geeignet sind und mit den anderen Konsultanten harmonieren. Wenn ich diese Unterredungen führe, erwarte ich keine Menschen, die weltfremd sind und in höheren Regionen schweben. Ich erwarte Menschen, die stabil und ausgeglichen sind und ein aufrichtiges Verhalten an den Tag legen. Sie für Ihren Teil müssen sich davon überzeugen, daß die Gruppe die richtige für Sie ist. Sie sollte von einem Medium geleitet werden, dem Sie vertrauen und dessen Arbeit Sie respektieren. Die Aufnahme in eine Gruppe ist nicht altersabhängig. Zum Lernen ist es nie zu spät. Jedoch sollten Sie sich einer Entwicklungsgruppe nicht anschließen, wenn Sie nicht regelmäßig zu den Treffen erscheinen können. Außerdem sollten Sie Abstand davon nehmen, wenn Sie bei schlechter Gesundheit sind. Das schließt Ihre geistig-seelische Gesundheit ein. Wenn Sie an Depressionen oder Streß leiden, warten Sie ab, bis Ihr Leben wieder in ruhigeren Bahnen verläuft. Der Entwicklungsprozeß wird Ihre Sensitivität erhöhen und jeglichen vorliegenden physischen oder geistig-seelischen Zustand verschlimmern.

Es ist zwar möglich, seine Medialität ohne fremde Hilfe auszubilden, aber in einer Gruppe ist dies viel besser. Dafür sprechen mehrere Gründe. Die frühen Phasen der Entwicklung sind sehr verwirrend, wenn Sie versuchen, sich darüber klarzuwerden, was echte Kommunikation und was das Produkt Ihres Unterbewußtseins ist. Der Gruppenleiter wird Sie dabei führen können. Darüber hinaus wird Ihnen die Unterstützung und Ermutigung von seiten der anderen Gruppenmitglieder zugute kommen. Eine Gruppe von Menschen, die zusammensitzen, um ihre medialen Fähigkeiten zu entwickeln, erzeugen viel psychische Energie, und diese wiederum wird Ihre Kräfte zur schnelleren Entfaltung stimulieren.

Der Gruppenleiter sollte Sie lehren, wie Medialität funktioniert. Ich sage »sollte«, weil sich bei mir schon häufig Leute beschwert haben, daß dies in ihren Gruppen nicht der Fall ist – möglicherweise, weil die Medien, die diese Gruppen leiten, selbst nicht verstehen, wie sie funktioniert.

»Wir sitzen einfach nur da und meditieren«, beklagte sich ein verstimmtes Gruppenmitglied, »und alles soll wie ein Wunder geschehen. Das ist doch bestimmt nicht alles!«

Das ist bei weitem nicht alles. Es stimmt schon, daß sich durch einfaches Meditieren und das gedankliche Hinüberreichen zur geistigen Welt Ihre Medialität schließlich entfalten wird, aber wenn Sie den Mechanismus des Prozesses verstehen und wissen, wie Sie Ihren Geist trainieren müssen, können Sie viel dazu beitragen, die Dinge zu beschleunigen und überdies Ihre Medialität zuverlässiger zu gestalten.

Der wesentliche Punkt, den man sich merken sollte, ist der, daß die geistige Welt überall um uns herum ist, aber mit einer viel höheren Frequenz schwingt als die physische Welt. Damit wir mit der geistigen Welt kommunizieren können, müssen wir unsere Schwingungen oder unsere Bewußtseinsebene hinaufsetzen, um unseren Geist in Harmonie mit dieser höheren Dimension zu bringen. Es geht nicht darum, zu Wesen irgendwo am Himmel »emporzustreben«, sondern vielmehr darum, unseren Geist zu »öffnen«, unser Bewußtsein zu erweitern, so daß wir über die Grenzen der physischen Sinne hinaus sehen und hören können. Der Zweck der Entwicklung besteht darin, den

Geist in höherem Maße zu sensitivieren, damit er aufnahmefähig für die geistige Welt wird.

Dieser Prozeß ist leicht zu verstehen, wenn man sich die in Kapitel 7 erwähnte Analogie der Regenbogenbrücke vor Augen hält. Medien errichten ihre Hälfte der Brücke, indem sie ihre Schwingungen erhöhen und sich auf die geistige Welt einstimmen. Die Geistkommunikatoren ihrerseits müssen ihre Schwingungen senken, um in den Wahrnehmungsbereich des Mediums zu gelangen. Wenn sich die Hoffnungen erfüllen, treffen sich die beiden irgendwo in der Mitte, und die Brücke ist hergestellt, über die die Botschaften weitergegeben werden können.

Diese Botschaften werden telepathisch empfangen. Die Geistkommunikatoren schaffen eine mentale Verbindung und prägen dem Bewußtsein des Mediums Gedanken, Worte und Bilder ein. Wenn Sie an der Telepathie-Übung in Kapitel 8 gearbeitet haben, werden Sie erkennen, wie schwierig das ist, und ohne weiteres einsehen, warum durch Medien empfangene Botschaften so oft vage und unbefriedigend sind. Die Kommunikatoren können nur soviel übermitteln, wie das Bewußtsein des Mediums zu empfangen in der Lage ist. Selbst diese begrenzte Menge an Informationen wird oft verzerrt oder ist so bruchstückhaft, daß sie wenig Sinn ergibt. Bei regelmäßiger Übung wird der Empfang deutlicher, aber erwarten Sie nicht, daß Sie jemals Geister sehen und hören werden, als wären sie aus Fleisch und Blut. Wenn Sie das könnten, wären Sie selbst in der geistigen Welt!

Man unterscheidet drei Arten der Wahrnehmung: Hellsehen, Hellhören und Hellfühlen. Hellsehen oder Clairvoyance ist die Fähigkeit, Geister zu sehen, obwohl dieser Begriff genaugenommen allgemeiner verwendet wird und alle Formen der Medialität sowie die Fähigkeit, in die Zukunft zu blicken, umfaßt. Hellhören ist die Fähigkeit, Geister zu hören. Die Stimmen können sich wie von außen kommende Stimmen anhören, werden aber häufiger im Kopf vernommen. Musik, Glockengeläut oder andere Töne werden gelegentlich gehört. Hellfühlen ist die Fähigkeit, Geister zu spüren. Es ist die gebräuchlichste mediale Begabung, obgleich sie oft nicht als solche erkannt wird. Wenn Sie eine Präsenz um sich spüren oder etwas Angenehmes in der Atmosphäre eines Zimmers oder Gebäudes wahrnehmen, sind Sie hellfühlend. Medien setzen eine von diesen oder alle diese Fähigkeiten gleichzeitig ein.

Später werde ich Übungen vorstellen, um diese verschiedenen Wahrnehmungsarten auszubilden, aber zunächst möchte ich auf einen anderen wichtigen Aspekt der Medialität eingehen, auf die psychischen Zentren.

## Psychische Zentren

Man unterscheidet sieben psychische Hauptzentren. Sie liegen im Ätherkörper entlang einer Achse aufgereiht, die der Wirbelsäule entspricht. Jedes Zentrum hat eine andere Funktion und wirkt auf einer anderen Schwingungsebene, von der niedersten bis zur höchsten. Zusammen regulieren sie den Fluß der physischen und psychischen Energie im Körper und stellen die Verbindung zwischen unserem materiellen Selbst und den höheren Dimensionen her. Im Verlauf der medialen und spirituellen Entwicklung werden die Zentren der Reihe nach aktiviert.

Manchmal werden die Zentren »Chakren« genannt, ein Sanskrit-Wort für »Rad«, da sie in der Aura wie pulsierende farbige Räder erscheinen. Da eine umfassende Beschäftigung mit diesem Thema mehrere Kapitel erfordern würde, habe ich hierzu ein Buch im Anhang »Bibliographie und Literaturempfehlungen« aufgeführt. An dieser Stelle werde ich die Zentren nur insofern in Betracht ziehen, als sie in Beziehung zur Medialität stehen.

Das Wurzel-Chakra befindet sich an der Wirbelsäulenbasis. Durch dieses Zentrum erhalten wir die zum Leben notwendige physische Energie. Bei Menschen, die voller Vitalität sind, ist dieses Zentrum ganz geöffnet oder aktiviert. Ist es durch Verletzung oder vielleicht ein Trauma in der Kindheit blockiert oder beschädigt, wird die Vitalität des Betreffenden gering sein. Etwas weiter darüber liegt das Kreuzbeinzentrum, das die Sexualität und die Instinkte reguliert. In einigen Systemen wird das zweite Chakra der Milz zugeordnet. Es dient als Filter für die psychische Energie und ist an der Astralprojektion und außerkörperlichen Erfahrungen beteiligt. Falls das Zentrum zu sehr geöffnet ist, kann das Gefühl entstehen, »nicht ganz da« oder nicht richtig im physischen Körper verankert zu sein.

Das Solarplexus-Zentrum ist direkt unter dem Brustkorb lokalisiert. Alle unsere Emotionen und Empfindungen werden in diesem Zentrum registriert. Wir sagen, daß wir »aus dem Bauch reagieren« oder »Schmetterlinge« im Bauch haben, wenn wir nervös sind. Da der Solarplexus mit dem Verdauungssystem verbunden ist, können jegliche Probleme in diesem Bereich zu Magenverstimmungen führen. Negative Emotionen wie Angst und Wut können in dieses Zentrum eingesperrt werden und Spannungen und Blockierungen hervorrufen, die den Energiefluß hemmen.

Medien sind besonders anfällig für Störungen im Solarplexus. Aufgrund ihrer Sensitivität reagieren sie stärker als die meisten anderen Menschen auf emotionale Verletzungen oder Angriffe. Ist das Zentrum zu sehr geöffnet, wird das Medium ständig Eindrücke von den Personen in seiner Nähe und von der Astralebene aufnehmen, woraus ein Abfließen der Vitalität des Mediums resultiert; daher ist es so wichtig, jede psychische Arbeit »abzuschließen« (eine Übung zum »Abschließen« findet sich am Ende dieses Kapitels).

Das Herzzentrum steht erwartungsgemäß mit dem physischen Herzen in Verbindung. Wir sagen, ein Mensch ist »offenherzig« oder, wenn er unfreundlich zu jemandem in Bedrängnis ist, er ist »kaltherzig«. Es ist das Zentrum des Mitgefühls und des Verständnisses. Vorausgesetzt, Sie arbeiten aufrichtig und mit dem Wunsch, von Nutzen zu sein, wird es sich spontan entfalten. Doch auch wenn Mitleid mit anderen offensichtlich notwendig ist, sollten Sie sich davor schützen, zu offen zu werden, da Sie dann übermäßig empfindlich auf die Emotionen der Menschen um Sie herum reagieren. Insbesondere Heiler haben dieses Problem und können die physischen Zustände ihrer Patienten auffangen.

Wenn das Herzzentrum aktiviert wird, kann es viele Emotionen freigeben. Aus diesem Grund stellen Menschen, die ihre Medialität entwickeln, in den anfänglichen Stadien oft fest, daß sie unberechenbaren Stimmungsschwankungen und depressiven Anfällen unterworfen sind. Das ist auch ein Grund, warum Sie emotional stabil sein müssen, bevor Sie darangehen, mediale Fähigkeiten zu entwickeln.

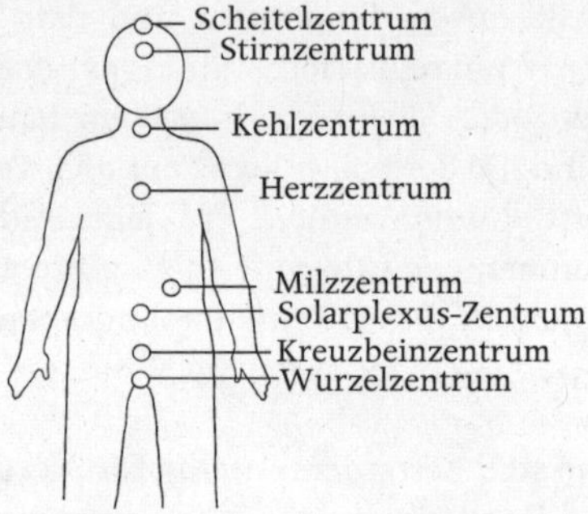


*Die psychischen Zentren*

Das Kehl- und das Stirnzentrum sind vom medialen Standpunkt aus am wichtigsten. Das Kehlzentrum findet Anwendung beim Hellhören. Es ist gleichfalls bei Künstlern, Autoren und allen kreativ Begabten aktiv. Das Stirnzentrum, auch als das Dritte Auge bekannt, steuert das Hellsehen. Es ist mit der Zirbel- und Hirnanhangdrüse verbunden, jenen kleinen geheimnisvollen Drüsen, die für Wissenschaftler ein großes Rätsel darstellen.

Das Scheitelzentrum liegt etwas oberhalb des Kopfes. In der östlichen Philosophie wird es als der tausendblättrige Lotos bezeichnet. Der auf Gemälden über den Köpfen von Heiligen dargestellte Heiligenschein repräsentiert dieses Zentrum, das bei einer spirituell entwickelten Person hell und strahlend ist. Durch dieses Zentrum sind wir mit unserem höheren Selbst und den höheren Dimensionen der geistigen Welt verbunden. Wenn Sie Ihr spirituelles Streben hochhalten, wird sich dieses Zentrum weiter öffnen, und im Verlauf dessen werden Sie fortwährend nach oben zur Gotteskraft hingezogen.

Alle diese Zentren sind durch eine zentrale Achse miteinander verbunden, durch die Energie von der Basis der Wirbelsäule bis zum Kopfscheitel fließt. Diese Energie wird *Kundalini* genannt. Manchmal wird sie als Schlange dargestellt, die zusammengerollt im Wurzel-Chakra liegt. Wenn die Chakren durch Meditation oder mediale Entwicklung stimuliert werden, entrollt sich die Schlange und steigt die Wirbelsäule hinauf und aktiviert dabei der Reihe nach alle Chakren, bis sie den tausendblättrigen Lotos erreicht, wo sie, wie es heißt, Seligkeit und Erleuchtung verleiht.

Manche Angehörige der New-Age-Bewegung weisen darauf hin, daß die *Kundalini* eine äußerst gefährliche Energie ist, die man am besten in Ruhe läßt. Diese Warnung entbehrt nicht einer gewissen Grundlage. Wenn die *Kundalini* mit Hilfe bestimmter Yoga-Atemübungen allzu schnell die Wirbelsäule hinaufgelenkt wird, ist es, als würde man einen Stromkreis überlasten, was physische und mentale Auswirkungen haben kann. Jedoch ist die *Kundalini* bis zu einem gewissen Grade in allen Menschen aktiv. Sie ist Teil des Systems, durch das *Prana* im ganzen Körper verteilt wird, und ohne sie kann man nicht leben. Sie ist vornehmlich bei kreativen Menschen, Sensitiven und Medien aktiv und bildet genaugenommen die Grundlage aller psychischen Manifestationen. Wird die Medialität in der richtigen Weise ausgebildet, steigt sie im Laufe der Entwicklung natürlich auf und verstärkt die Fähigkeit des Mediums.

## Übung zum Entrollen der Schlange

Die folgende Übung eignet sich sehr gut für den Beginn eines Gruppentreffens, da sie hilft, sich medial zu »öffnen«, und das Bewußtsein empfänglich macht. Vom Gruppenleiter angewiesen, kann sie in Einklang mit allen Mitgliedern durchgeführt werden.

- Schließen Sie die Augen, nehmen Sie ein paar tiefe Atemzüge, und entspannen Sie dabei den ganzen Körper. Fangen Sie mit den Zehen an. Spannen Sie die Muskeln an, und entspannen Sie sie wieder. Richten Sie Ihre Aufmerksamkeit auf Ihre Fußknöchel, und verfahren Sie mit ihnen genauso. Arbeiten Sie sich schrittweise den Körper hinauf, wobei sie einen Teil nach dem anderen anspannen und wieder entspannen. Schenken

Sie dem Solarplexus besondere Beachtung, und geben Sie jede Emotion frei, die Sie dort vielleicht festhalten. Abschließend entspannen Sie die Augen und die Gesichtsmuskeln.
Setzen Sie sich jetzt aufrecht hin, und achten Sie darauf, daß Sie sich dabei nicht wieder verspannen und daß Ihre Wirbelsäule gerade ist. Richten Sie Ihre Aufmerksamkeit auf die Basis der Wirbelsäule. Nehmen Sie einen tiefen Atemzug, und stellen Sie sich beim Einatmen vor, daß Energie aus der Erde durch Ihre Fußsohlen, Ihre Beine hinauf bis zum Wurzel-Chakra fließt. Stellen Sie sich das Chakra als eine sich öffnende Blume vor, und achten Sie darauf, ob Sie eine leichte Wärme in diesem Bereich spüren können.
Atmen Sie aus, und lenken Sie, wenn Sie wieder einatmen, die Kraft zum Solarplexus-Zentrum hinauf, und spüren Sie, wie sich die Blumenblätter öffnen. Beim nächsten Atemzug führen Sie die Energie weiter nach oben zum Herzzentrum und dann durch das Kehl- und das Stirn-Chakra und stellen Sie sich dabei bildlich vor, wie sich eines nach dem anderen öffnet. Beim letzten Atemzug lenken Sie die Kraft den ganzen Weg hinauf zum Kopfscheitel, zum tausendblättrigen Lotos, und dann lassen Sie sie, einem Springbrunnen aus Licht gleich, durch alle Zentren und durch Ihren ganzen Körper, der mit Vitalität erfüllt wird, kaskadenartig herabstürzen.
Ruhen Sie sich ein wenig aus, dann richten Sie Ihre Aufmerksamkeit wieder auf das Scheitelzentrum. Sie haben die Erdenergie nach oben geführt. Jetzt werden Sie die spirituelle Energie der höheren Reiche nach unten lenken. Stellen Sie sich ein goldenes Licht über Ihrem Kopf vor, und lassen Sie dieses Licht der Reihe nach zu den Chakren hinabsteigen. Spüren Sie, wie es alle Poren Ihres Wesens mit Liebe durchströmt. Dieses Licht wird Ihnen ein Mehr an Energie und Wohlbefinden verleihen. Außerdem bietet es Ihnen den besten Schutz vor negativen Einflüssen, ob physischer oder psychischer Art. Es bildet einen Schild, und alles auf Sie gerichtete Negative wird von ihm abprallen.
Spüren Sie, wie die beiden Energieströme im Herzzentrum miteinander verschmelzen. Das Herz ist der Ort des Gleichge-

wichts. Wenn Sie sich den Körper als ein Kreuz vorstellen, wäre dies der Punkt, an dem die beiden Stangen zusammentreffen. Bei völliger Aktivierung dieses Zentrums werden alle Ihre Handlungen von Liebe motiviert sein.

Richten Sie also abschließend Ihre Aufmerksamkeit gleichbleibend auf das Herz. Senden Sie Ihre Gedanken aus zu jenen in der geistigen Welt, und bitten Sie sie, ihre Energien mit den Ihrigen zu verbinden und Ihnen zu helfen, einander auf der Regenbogenbrücke zu begegnen.

## Führer und Medien

Wenn Sie anfangen, eine Entwicklungsgruppe zu besuchen, wird man Ihnen bestimmt sagen, daß Sie verschiedene Führer bei sich haben. Mönche und Nonnen sind besonders beliebt, und natürlich gibt es auch die unvermeidlichen Indianer und Chinesen. Diese Beschreibungen rufen bei Skeptikern zwar Hohngelächter hervor, aber ich als Medium sehe solche Figuren. Tatsächlich bin ich mir einer Nonne bewußt, die sehr eng mit mir zusammenarbeitet. Deshalb glaube ich, daß auf der Astralebene Wesen existieren, die die Aufgabe übernehmen – es muß nebenbei gesagt eine sehr undankbare sein –, mit Medien auf diese Weise zu arbeiten. Was die exotische Aufmachung betrifft – vielleicht waren sie ja Indianer, Chinesen oder was auch immer in ihrem Erdenleben. Man sagt, daß viele Führer sich aus Rassen rekrutieren, die, als sie auf der Erde waren, große spirituelle Weisheit und eine natürliche Begabung für die Kommunikation mit der geistigen Welt besaßen.

Aber ich bin sicher, daß sie selbst kein Bedürfnis nach diesem irdischen Drum und Dran verspüren. Die Kleidung, in der wir sie sehen, ist eine Form, die sie zu unserem Vorteil und nicht zu ihrem angenommen haben. Sie kommen aus einer Dimension, wo sich der Begriff der Persönlichkeit nicht länger anwenden läßt, aber einem Schauspieler gleich, der sich ein Kostüm anzieht, in dem er wiedererkannt wird, zeigen sie sich uns in einer für uns akzeptablen Weise. Ein Führer kann genausogut ein Engländer sein, aber die Medien werden gelehrt, Indianer und dergleichen zu erwarten, so daß dies die Form ist, die sie entgegenkommenderweise annehmen.

Führer sagen oft, daß sie einer Seelengruppe angehören, einer engverbundenen Familie von Seelen, die nach vielen Leben als Individuen anfangen, miteinander zu einer Wesenheit zu verschmelzen. Diese Gruppen wirken auf verschiedenen spirituellen Ebenen, um der Menschheit zu helfen. Der Führer stellt ihre Verbindung zur Erde dar, durch den sie ihre kollektive Weisheit übermitteln können. Das Medium mag ein Angehöriger derselben Gruppe sein; wenn das der Fall ist, wird die Affinität zwischen ihnen sehr stark sein und ihm infolgedessen die Kommunikation leichter fallen.

Jedes Medium hat eine Gruppe von Führern um sich, die ihm bei seiner Arbeit helfen. Diese Gruppe kann sich von Zeit zu Zeit verändern. Einige bleiben nur kurze Zeit bei dem Medium oder kommen, um einen besonderen Zweck zu erfüllen. Andere wiederum bleiben beim Medium, solange es lebt. Diese sind die wichtigsten Führer, und die Beziehung zu ihnen ist eine sehr spezielle. Sie werden zu Freunden, die geliebt werden und denen man vertraut, und auch wenn sie nicht das Leben des Mediums an seiner Stelle führen oder Entscheidungen in weltlichen Angelegenheiten treffen, sind sie doch immer im Hintergrund, wo sie im stillen Unterstützung und Führung gewähren.

Die Führer sind für die Entwicklung eines Mediums verantwortlich. Sie stimmen das Bewußtsein ein und stimulieren die psychischen Zentren. Wenn das Medium arbeitet, stellen sie eine Verbindung zu den Geistkommunikatoren her, die genauso verwirrt und gefühlvoll sein können und möglicherweise nichts von dem Mechanismus der Kommunikation verstehen wie diejenigen auf Erden, so daß sie nicht imstande wären, direkten Kontakt aufzunehmen.

Außerdem verrichten die Führer sehr viel Arbeit hinter den Kulissen. Wenn beispielsweise jemand eine Sitzung bei einem Medium vereinbart, werden sie so gut wie möglich sicherzustellen versuchen, daß die Personen in der geistigen Welt, die ihm oder ihr am engsten verbunden sind, oder solche, von denen er oder sie am sehnlichsten hören möchte, präsent sind. Sie bereiten das Medium geistig und gegebenenfalls auch die Atmosphäre des Ortes vor, an dem das Medium arbeiten wird. Während also eine Sitzung den Eindruck vermittelt, eine willkürliche Angelegenheit zu sein, bei der das Medium wen auch immer »durchbringt«, der zu diesem Zeitpunkt gerade erreichbar ist, wird in Wirklichkeit alles sorgfältig inszeniert. Und ich denke, daß wie auf Erden die unauffälligen Arbeiter im Hintergrund den härtesten Job haben und am wenigsten Anerkennung erhalten.

## Übung zum Kennenlernen Ihres Führers

Der wichtigste Kontakt, den Sie als Medium herstellen müssen, ist der mit Ihrem Führer. Sobald Sie das Wesen kennen, das mit Ihnen arbeitet, können Sie eine Partnerschaft eingehen, die Sie durch alle Schwierigkeiten führen, Ihren Kontakt mit anderen Kommunikatoren erleichtern und Ihr Leben und Ihre Arbeit lenken wird, solange Sie auf der Erde weilen. Diese Übung wird Ihnen helfen, Ihren Führer kennenzulernen.

- Sitzen Sie ruhig da, entweder in der Gruppe oder während Ihrer privaten Meditationszeit, und bitten Sie darum, daß man Ihnen den für Ihre Entwicklung verantwortlichen Führer bewußt macht, dann warten Sie und achten auf das, was Ihnen in den Sinn kommt. Hegen Sie keine voreiligen Erwartungen darüber, wie er sein wird, und seien Sie nicht enttäuscht, wenn Sie keinen fast zwei Meter großen Indianer sehen! Vielleicht erhalten Sie einen Namen, sehen ein geistiges Bild oder empfangen nur einen Eindruck von einer Persönlichkeit.
  Wie auch immer sie sich präsentieren wird, behalten Sie diese Verbindung stets im Bewußtsein. Konzentrieren Sie Ihre Gedanken wie einen Lichtstrahl, der über die Regenbogenbrücke hinweg auf den Führer zugeht. Lassen Sie Ihr Bewußtsein mit dem Ihres Führers verschmelzen. Spüren Sie, wie Sie über die Brücke getragen werden, bis Sie sich auf der anderen

Seite begegnen, und achten Sie auf alle Gedanken oder Ideen, die Ihnen in den Sinn kommen.

Wenn Sie in der Gruppe sind, können Sie, mit Erlaubnis Ihres Gruppenleiters, diese Worte oder Gedanken laut aussprechen. Dies wird als »inspiriertes Sprechen« bezeichnet und kann sich zur Trance steigern (für eine Erklärung dieser beiden Aspekte siehe Kapitel 11). Jedesmal, wenn Sie mit Ihrer Meditation beginnen, und jedesmal, bevor Sie eine Sitzung geben oder ein Treffen durchführen, wenden Sie sich an Ihren Führer oder Ihre Führer, damit sie Ihnen beistehen. Sie sind Ihre Kraft, und wenn Sie voller Liebe und Aufrichtigkeit arbeiten, werden sie Sie niemals im Stich lassen.

Wenn Sie sich einer Gruppe anschließen, sind Sie anfangs vielleicht ein wenig verlegen und wissen nicht, was Sie erwarten sollen oder was von Ihnen erwartet wird. Das trifft besonders dann zu, wenn Sie als neues Mitglied in eine schon länger bestehende Gruppe kommen. Zumindest sollten Sie inzwischen genügend über Medialität wissen, um sich darüber im klaren zu sein, daß Sie keine Geister sehen werden, die plötzlich überall auftauchen!

Tatsächlich werden Sie in den ersten Wochen möglicherweise überhaupt nichts sehen oder spüren. Machen Sie sich deswegen keine Sorgen. Lassen Sie sich Zeit dabei, sich an die Routine der Gruppe zu gewöhnen. Führen Sie die weiter oben in diesem Kapitel vorgestellte Übung zur Öffnung der psychischen Zentren aus, dann sitzen Sie einfach ruhig da, nehmen den Frieden in sich auf und lassen Ihren Geist still werden. Auch wenn Sie vorher schon regelmäßig zu Hause meditiert haben, dauert es eine Zeitlang, bis man sich daran gewöhnt hat, in einer Gruppe zu meditieren und seinen Geist darin zu disziplinieren, all die kleinen Ablenkungen – Husten und knarrende Stühle – zu ignorieren, die zwangsläufig auftreten, wenn eine Gruppe von Menschen zusammensitzt.

Bei einer neugebildeten Gruppe für Anfänger kann der Leiter wohl die ersten Wochen oder sogar Monate damit verbringen, Übungen zum übersinnlichen Gewahrsein von der Art durchzuführen, wie sie in Kapitel 8 in groben Zügen dargestellt wurden. Das ist ein notwendiger erster Schritt. Bevor Sie anfangen können, Medialität zu entwickeln, müssen die übersinnlichen Kräfte aktiviert werden. Bei manchen Menschen sind sie so tief vergraben, daß es lange dauert, bis sie zum Vorschein kommen.

Wenn sich Medialität zu manifestieren beginnt, geschieht das selten auf dramatische Weise. Fast immer fängt es mit einem Spüren an. In meinem Fall – und die meisten Medien, mit denen ich gesprochen habe, machten dieselbe Erfahrung – hatte ich eine vage Empfindung von einem Kommunikator bei mir, gerade ausreichend, um sagen zu können, ob es ein Mann oder eine Frau war, und um einen allgemeinen Hinweis auf seine Persönlichkeit zu erhalten. Wenn ich Glück hatte, hörte ich vielleicht ein paar Worte in meinem Bewußtsein. Ich habe sehr gezögert, diese Eindrücke mit den anderen in der Gruppe zu teilen, für den Fall, daß ich mich irrte, aber als ich den Mut aufbrachte, darüber zu sprechen, war ich überrascht, wie oft die Geistwesen, die ich beschrieb, von einem der Anwesenden erkannt und akzeptiert werden konnten. Dies gab mir Vertrauen, und während mein Vertrauen zunahm, kamen die »Botschaften« stärker durch.

Aber wie werden diese Eindrücke nun eigentlich empfangen? Es lohnt sich, darüber nachzudenken, da Sie besser mit Ihren Geisthelfern zusammenarbeiten können, je mehr Sie davon verstehen, was da vor sich geht.

Wenn Sie einen Kommunikator ganz in Ihrer Nähe wahrnehmen, liegt der Grund dafür darin, daß er in Ihre Aura eingetreten ist und seine Schwingungen mit den Ihrigen harmonisiert; in gewissem Sinne wirft er einen Schatten auf Sie. Dadurch können Sie gewisse Grundinformationen über ihn erfahren. Wenn beispielsweise der Kommunikator dick ist, werden Sie sich fühlen, als ob Sie selbst dicker werden. Wenn er ein militärisches Verhalten an den Tag legt, werden Sie den Drang verspüren, aufrecht zu sitzen und Ihre Schultern nach hinten zu ziehen. Sie können auch eine Ahnung davon bekommen, woran er gestorben ist. Jemand, der ein Lungenleiden hatte, könnte Ihnen die vorübergehende Empfindung vermitteln, nach Luft schnappen zu müssen, aber das sollte wirklich nur vorübergehend sein, da es für ihn einfach nur eine Erinnerung ist und nicht etwas, woran er noch immer leidet.

Der Grund dafür, warum sich Medialität zunächst auf diese Weise bemerkbar macht, hat mit den psychischen Zentren zu tun. Durch den Entwicklungsprozeß wird die *Kundalini*-Kraft dazu stimuliert, von der Basis der Wirbelsäule hinaufzusteigen. Wenn sie das Solarplexus–Zentrum erreicht, wird dieses aktiviert. Da es Empfindungen registriert, werden Sie in diesem frühen Stadium »spüren«, Sie nehmen eine allgemeine Vorstellung davon auf, was für eine Person kommuniziert, und fühlen etwas von ihrer Persönlichkeit und ihren Emotionen.

## Übung zum Hellfühlen

- Wenn Sie den Kommunikator spüren, senden Sie ihm einen positiven Gedanken zu, anstatt passiv darauf zu warten, daß er die ganze Arbeit übernimmt. Sprechen Sie im Geiste zu ihm, und bestätigen Sie das Empfangene. Achten Sie genau auf die Empfindungen, die Sie bekommen. Versuchen Sie, an ihnen zu »feilen«, so als würden Sie ein Radio feinabstimmen, um sie in höherem Maße zu präzisieren. Sprechen Sie im Geiste zu dem Kommunikator, und stellen Sie ihm Fragen über ihn. Es spielt keine Rolle, wenn Sie keine Antwort erhalten. Dadurch, daß Sie auf diese Weise sprechen, helfen Sie, Ihre mentale Verbindung mit ihm zu stärken. Horchen Sie auf jedes Wort, das Sie vielleicht hören, und halten Sie Ausschau nach jedem Bild, das möglicherweise auf dem Bildschirm Ihres Geistes aufblitzt. Obwohl diese Stufe der Medialität sich mit Emotion und Empfindung befaßt, arbeitet keines der Zentren für sich allein, und Wörter und Bilder können sich ebenfalls einstellen.

  Berichten Sie den anderen Gruppenmitgliedern, was Sie erfahren, egal wie dumm oder unwahrscheinlich es sich für Sie auch anhören mag. Nur so können Sie überprüfen, ob Sie es richtig verstanden haben. Es ist auch hilfreich für Ihre Geistfreunde, zu erfahren, wieviel von den Informationen, die sie versuchen herüberzubringen, wirklich zu Ihnen durchkommt.

Wenn die *Kundalini*-Energie nach oben steigt, kommt sie mit den anderen psychischen Zentren in aufsteigender Reihenfolge in Berührung. Dieser Prozeß verläuft gewöhnlich, ohne daß Sie sich dessen bewußt sind, obgleich Sie, wenn Sie die Übung zum Entrollen der Schlange kontinuierlich durchführen, eine leichte Wärme, die Ihre Wirbelsäule emporsteigt, gewahr werden können. Wenn die Kraft die höheren psychischen Zentren, Kehlkopf- und Stirnzentrum, erreicht, beginnt die Medialität auf den Ebenen des Hellhörens (Kehrzentrum) und des Hellsehens (das »dritte Auge« zwischen den Augenbrauen) zu funktionieren, und diese Fähigkeiten beginnen sich zu entfalten. Dann wird es möglich, sie regelmäßig und kontrolliert einzusetzen, anstatt sich auf die seltenen »Blitze« des Sehens oder gelegentliche Stimmen zu verlassen, die ein Merkmal natürlicher, unentwikkelter Medialität sind.

Nur wenige Medien haben die Fähigkeiten des Hellsehens und des Hellhörens in gleichem Maße entwickelt. Fast immer wird die eine oder die andere vorherrschen. Welche das ist, hängt davon ab, welcher Ihrer Sinne am ausgeprägtesten funktioniert. Wenn Sie ein visueller Typ sind, wird sich das Hellsehen fast wie von selbst bei Ihnen einstellen. Wenn Ihr Bewußtsein eher in Worten als in Bildern arbeitet, wie es bei mir der Fall ist, werden Sie überwiegend hellhörend sein. Beide Begabungen können durch Übung verfeinert werden. Es liegt auf der Hand, daß diejenige, die Ihnen nicht leichtfällt, die meiste Arbeit erfordert.

## Übung zum Hellhören

Ein guter Weg, diese Übung durchzuführen, besteht darin, daß sich die Mitglieder der Gruppe paarweise zusammensetzen und abwechselnd versuchen, sich gegenseitig Botschaften weiterzugeben.

- Setzen Sie sich Ihrem Partner gegenüber, aber konzentrieren Sie sich nicht auf ihn. Bleiben Sie einen Augenblick still, und richten Sie Ihre Aufmerksamkeit auf das Kehlzentrum. Bitten Sie Ihre Führer, Ihnen einen Kommunikator zu bringen, den Ihr Partner wiedererkennen kann. Horchen Sie aufmerksam auf Worte oder Namen, die Ihnen eingegeben werden. Erwarten Sie nicht, daß diese von außen kommen; Sie werden sie in Ihrem Kopf hören. Wiederholen Sie Ihrem Partner gegenüber genau das, was Sie hören oder was Sie zu hören glauben. Falls es keinen Sinn für Sie ergibt, versuchen Sie nicht, es auf irgendeine Weise zu interpretieren; das ist nämlich der Grund, warum so viele Botschaften verzerrt werden. Was für Sie unsinnig zu sein scheint, mag für den Empfänger von großer Bedeutung sein. Wenn Sie die Worte nicht richtig verstehen – manchmal kommen sie sehr schnell –, bitten Sie darum, daß sie wiederholt werden.

Diese Übung erfordert große Konzentration und kann frustrierend sein, wenn nichts kommt, aber es lohnt sich, unbeirrt mit ihr fortzufahren. Wenn Sie auf diese Weise eine gute Verbindung herstellen, haben die empfangenen Informationen eine Schärfe und Klarheit, die sich von den Gedanken, die aus dem Unterbewußtsein aufsteigen, unterscheiden.

## Übung zum Hellsehen

Hellsehen kann in derselben Weise praktiziert werden. Setzen Sie sich wieder Ihrem Partner gegenüber. Diesmal richten Sie Ihre Aufmerksamkeit auf das Stirnzentrum. Vielleicht sehen Sie konkret, das heißt, mit offenen Augen, obgleich es natürlich Ihre inneren Augen sind, von denen Gebrauch gemacht wird.

- Bitten Sie wieder Ihre Führer, einen Kommunikator zu bringen, den Ihr Partner wiedererkennen wird. Sehen Sie Ihren Partner nicht direkt an, sondern versuchen Sie zu spüren, wer hinter oder neben ihm steht. Erwarten Sie nicht, daß sich eine

Erscheinung zeigt! Wahrscheinlicher ist, daß Sie einen verschwommenen Umriß wahrnehmen oder einen Eindruck bekommen, der sich zwischen Sehen und Spüren bewegt. Beschreiben Sie das, was Sie sehen, so detailliert wie möglich. Jetzt schließen Sie die Augen und stellen sich vor, Sie hätten einen Fernsehbildschirm in Ihrem Kopf, und zwar an der Stelle zwischen den Augenbrauen. Können Sie irgendwelche Bilder auf dem Bildschirm sehen? Es könnten Gesichter, Szenen, Objekte oder sogar eine Farbe sein. Diese geistigen Bilder haben die Tendenz, sehr schnell zu kommen und zu verschwinden. Bitten Sie gegebenenfalls darum, daß sie noch mal gezeigt werden. Wie bei der Übung zum Hellhören wird Ihr Unterbewußtsein anfangs viele Störungen hervorrufen, aber im Laufe der Zeit wird sich dieses Problem von selbst erledigen, wenn die Eindrücke aus der geistigen Welt klarer durchkommen.

## Sich schließen

Weiter oben in diesem Kapitel habe ich eine Übung zum Öffnen der psychischen Zentren vorgestellt. Genauso wichtig ist es, sie wieder »zuzumachen«. Dies sollte am Ende eines jeden Gruppentreffens und jedesmal, wenn Sie medial gearbeitet haben, geschehen. Solange Sie offen sind, machen Sie Gebrauch von Ihrer psychischen Energie. Wenn Sie sich nicht schließen, wird sowohl Ihre physische wie auch psychische Vitalität erschöpft werden. Es gibt verschiedene Möglichkeiten, um die Zentren zu schließen. Die folgende Übung finde ich am einfachsten und wirksamsten.

- Konzentrieren Sie sich der Reihe nach auf die einzelnen Chakren, wobei Sie oben beim Scheitel beginnen und sich jedes Chakra wie eine Blume vorstellen. Sehen Sie, wie sich die Blüten der Blume schließen. Achten Sie besonders auf das Solarplexus-Zentrum, da dieses am verwundbarsten ist. Wenn Sie mental alle Chakren geschlossen haben, fangen Sie noch einmal beim Kopf an. Stellen Sie sich ein goldenes Licht über Ihrem Kopf vor, das Sie den ganzen Weg hinunter zu Ihren Füßen lenken und das Sie wie ein Mantel einhüllt.

Danken Sie Ihren Führern dafür, mit Ihnen gearbeitet zu haben, und senden Sie ein Gebet aus für alle in Bedrängnis und für den ganzen Planeten. Bringen Sie sich schließlich vollständig auf die Erde zurück, indem Sie etwas essen oder trinken.

Im nächsten Kapitel werden wir weitere Aspekte der Medialität betrachten und uns damit beschäftigen, wie man mit einigen der üblichen Schwierigkeiten, die auftauchen, fertig werden kann.

# 10. Die Arbeit als Medium

Skeptiker behaupten oft, daß Medien alle ihre Informationen dadurch beziehen, daß sie sich Zugang zum Bewußtsein des Konsultanten verschaffen. Diese Behauptung kann nicht stimmen, wenn man in Betracht zieht, daß Medien imstande sind, Fakten zu liefern, von denen der Konsultant keine Ahnung hat, oder Geistkommunikatoren zu beschreiben, die die Konsultanten nicht kennen, deren Existenz anschließend jedoch verifiziert werden kann. Wie dem auch sei, die Skeptiker haben ein begründetes Argument.

## Sich mit der geistigen Welt verbinden

Ich habe Medialität als eine Form der Telepathie beschrieben, die auf geistiger Ebene zwischen jenen auf Erden und jenen in der geistigen Welt abläuft. Medien sind darin geschult, empfänglich zu sein für die Gedanken, die ihnen übermittelt werden. Aber auch das Bewußtsein des Konsultanten sendet Gedanken aus, und diese kann das Medium unbeabsichtigt gleichfalls empfangen. Dieses Problem kann niemals völlig ausgeschlossen werden, aber wenn man seine mediale Befähigung in der richtigen Weise einsetzt, ist es möglich, sich davor zu schützen und sicherzustellen, daß die Mitteilungen, die man an den Konsultanten weitergibt, wirklich von der geistigen Welt herrühren.

Für dieses Vorgehen gibt es eine goldene Regel. Stellen Sie Ihre Verbindung mit der geistigen Welt her und nicht mit dem Konsultanten. Lassen Sie mich erklären, was ich damit meine.

Als Medium können Sie es nicht vermeiden, daß Sie überaus empfindlich auf andere Menschen reagieren. Wenn Sie mit einem Konsultanten eine Sitzung abhalten und Ihre psychischen

Zentren öffnen, werden Sie die vom Konsultanten ausgehenden Eindrücke wahrnehmen. Sie werden zwar nicht in der Lage sein, seine Gedanken präzise zu lesen, was vielleicht ganz gut ist, aber Sie werden in der Lage sein, ziemlich viel über seine Persönlichkeit zu spüren und auch zum Beispiel seine Stimmungslage oder ob er Beschwerden oder Schmerzen hat. Dies wird als »aurisches Lesen« bezeichnet. Sie müssen die Aura der Person nicht wirklich sehen, aber tatsächlich ist es so, daß Sie Ihre Aura mit derjenigen der Person verbinden, so daß Sie zwangsläufig empfindlich auf ihre Gedanken und Gefühle reagieren.

Manche Medien lesen die Aura, ohne sich dessen bewußt zu sein. Dieses mangelnde Verständnis erklärt den niedrigen Standard der Medialität, der heutzutage so weit verbreitet ist. Eileen Roberts, die Vorsitzende des Institute of Spiritualist Mediums, sagt dazu: »Viele medial begabte Menschen glauben, daß sie in Kontakt mit der geistigen Welt stehen, wenn dies tatsächlich nicht der Fall ist. Sie tauchen lediglich in die Auren der Konsultanten ein, so als würden sie in ein Kleiefaß eintunken, und fangen aufs Geratewohl Gedanken und Bilder auf.«

Warum ist das so wichtig? Erstens, weil von echter Kommunikation nicht die Rede sein kann. Eileen sagt: »Wenn Sie nicht Kontakt mit der geistigen Welt aufnehmen, sind Sie kein Kanal für die göttliche Kraft. Sie berühren lediglich ihre ausgefransten Ränder.«

Zweitens kann es gefährlich irreführend sein, da es selbst dann, wenn man die besten Absichten hat, möglich ist, einen starken Wunsch im Bewußtsein des Konsultanten zu empfangen und ihn als eine »Geisterbotschaft« weiterzugeben.

Nehmen wir beispielsweise an, daß eine Konsultantin Sie aufsucht, weil sie bei einem Beziehungsproblem beraten werden möchte. Sie sagen der Frau, daß sich alles zum Guten wenden wird, weil Sie aufrichtig glauben, daß dies die Botschaft ist, die Sie von Ihren Führern erhalten haben. Glücklich geht sie wieder, kommt aber ein paar Wochen später überaus ungehalten zurück, sagt Ihnen, daß ihr Partner mit einer anderen Frau durchgebrannt sei, und will wissen, warum Sie es mißverstanden haben. Folgendes ist geschehen: Sie haben sich unbewußt auf sie eingestimmt und nicht auf die geistige Welt und wurden von ihren starken Gefühlen darüber, was ihrem Wunsch gemäß passieren sollte, beeinflußt. Hätten Sie sich ordnungsgemäß auf die geistige Welt eingestimmt, wäre Ihnen ein solcher Fehler nicht unterlaufen.

Die folgende Übung eignet sich gut für die Gruppe, wobei die Mitglieder paarweise zusammensitzen und abwechselnd die Rolle des Mediums und die des Konsultanten übernehmen. Die aus zwei Teilen bestehende Übung wird Ihnen helfen, den Unterschied zwischen den verschiedenen Wahrnehmungsebenen zu erkennen.

- Setzen Sie sich Ihrem Partner gegenüber. Es ist besser, wenn es sich dabei um jemanden handelt, den Sie nicht sehr gut kennen. Richten Sie Ihre Aufmerksamkeit auf Ihr Solarplexus-Zentrum. Spüren Sie, wie sich Ihre Aura ausdehnt, so daß sie die Aura der anderen Person umfängt. Es kann hilfreich sein, wenn man sich die Hände reicht. Was spüren Sie von ihr ausstrahlen? Diese ähnelt der in Kapitel 8 vorgestellten Übung in Psychometrie, außer daß es hierbei um eine Person geht und nicht um einen Gegenstand. Was für eine Persönlichkeit ist sie? Ist sie glücklich oder traurig, niedergeschlagen oder in Hochstimmung? Was für eine Familie hat sie? Wie verdient sie sich ihren Lebensunterhalt? Denken Sie in diesem Augenblick nicht an Geistkommunikation, und versuchen Sie nicht, Ihren Führer einzubeziehen. Konzentrieren Sie sich einfach auf Ihre Wahrnehmung dessen, was von der Person ausstrahlt.
  Machen Sie eine kurze Pause, um Ihren Geist zu klären, dann fahren Sie mit dem nächsten Teil der Übung fort.
  Diesmal sehen Sie Ihren Partner nicht an. Ignorieren Sie ihn so gut es geht. Richten Sie Ihre Aufmerksamkeit auf Ihr Kehl- und Stirnzentrum, und bitten Sie Ihren Führer darum, Ihnen einen Kommunikator zu bringen, den Ihr Partner wiedererkennen wird. Sprechen Sie erst, wenn Sie spüren, daß jemand da ist, dann geben Sie alles weiter, egal, was Ihnen durchgegeben wird, egal wie Sie es empfangen. Konzentrieren Sie sich

nur auf den Kommunikator und auf die Informationen, die er Ihnen übermittelt.

Beachten Sie, daß diese beiden Arbeitsmethoden mit einem sehr unterschiedlichen »Befinden« einhergehen. Es ist viel einfacher, sich auf einen Konsultanten einzustimmen. Sich auf die geistige Welt einzustimmen, erfordert eine größere mentale Anstrengung, weil die Schwingungsebene eine höhere ist. Aber ein gutes und gewissenhaftes Medium zeichnet sich dadurch aus, daß es ohne weiteres durchweg dazu in der Lage ist.

## Allgemeine Probleme, mit denen angehende Medien konfrontiert werden

Auch wenn jeder Mensch einzigartig ist in der Weise, wie sich seine Begabungen entfalten, so gibt es doch bestimmte Probleme und Schwierigkeiten, die fast alle angehenden Medien haben. Daher halte ich es für hilfreich, einige Probleme aufzuzählen und Lösungen zu empfehlen.

Auf das folgende Problem stoßen sowohl Heiler als auch Medien, genaugenommen jeder, der seine übersinnliche Fähigkeit ausbildet.

*Wie kann ich verhindern, allzu empfindlich zu werden?*
Der Prozeß der Entwicklung wirkt sich auf allen Ebenen auf Sie aus, physisch und emotional sowie psychisch. Sie werden feststellen, daß Sie schneller ermüden als zuvor. Außerdem werden Sie stärker von den Stimmungen und Leiden anderer beeinflußt. Wenn Sie eine heilerische Gabe haben, werden Sie dazu neigen, die gesundheitlichen Zustände der Menschen um sich herum »aufzunehmen«. Menschenansammlungen werden Ihnen zu schaffen machen; laute Geräusche beleidigen Ihre Ohren. Sie werden sich vielleicht dabei ertappen, angespannt und reizbar zu werden.

Nun, Sie haben gesagt, daß Sie ein Medium sein wollen, und das ist der Preis, den Sie dafür bezahlen müssen! Wenn Sie nicht hochgradig sensitiv wären, könnten Sie sich nicht der geistigen Welt bewußt sein. Es ist jedoch möglich, sich vor den schlimmsten Auswirkungen zu schützen. Als erste und praktischste Lösung sollte man sich viel Ruhe gönnen und für eine gute, gesunde Ernährung sorgen. Viele Menschen sind der Ansicht, daß sich die mediale Fähigkeit durch vegetarische Kost verfeinern läßt, aber das ist eine Frage der individuellen Vorliebe, und Sie müssen selbst entscheiden, was am besten für Sie ist.

Ferner sollten Sie erwägen, ein gutes Vitamin- und Mineralprodukt als Nahrungsergänzung einzunehmen. Der Vitamin-B-Komplex eignet sich besonders gut für die Wiederherstellung Ihrer Vitalität, wenn Sie psychisch erschöpft sind. Auch die Bach-Blüten-Heilmittel sind sehr hilfreich. Sie sind in den meisten Reformhäusern erhältlich.[1] Sie werden aus der destillierten Essenz von Blumen und Pflanzen zubereitet und sind darauf angelegt, auf die tieferen Geisteszustände, die Streß, Disharmonie und Krankheit hervorrufen, einzuwirken. Überdies ist eine recht neue Auswahl an Blüten- und Kristallessenzen auf dem Markt, die wie die Bach-Blüten geistige, seelische und körperliche Balance und Harmonie wiederherstellen sollen. Diese sind nicht ganz leicht erhältlich, werden aber in Geschäften für Esoterikbedarf und auf Esoterikmessen angeboten. (Für Bezugsquellen siehe Anhang »Nützliche Adressen« weiter hinten im Buch.) Diese Essenzen können helfen, die Chakren zu öffnen und auszugleichen.

Sorgen Sie dafür, daß Sie ruhig und frei von Streß bleiben, soweit Sie es einrichten können. Regelmäßige Meditation wird Ihnen dabei helfen. Aber vor allem müssen Sie sich psychisch schließen, indem Sie die am Ende von Kapitel 9 vorgestellte Übung anwenden. In den Anfangsphasen müssen Sie diese Übung mehrmals täglich durchführen, jedesmal, nachdem Sie medial gearbeitet haben, zum Abschluß eines jeden Gruppentreffens und immer nach Beendigung Ihrer Meditation. Es ist leicht, sich zu öffnen, ohne daß man es merkt; es genügt schon, über mediale Themen zu sprechen, um diese Öffnung hervorzu-

1 In Deutschland sind Bach-Blüten-Heilmittel apothekenpflichtig. A.d.Ü.

rufen, Gehen Sie die Übung immer im Geiste durch, wenn Sie spüren, daß Ihre Vitalität erschöpft wird.

*Woher weiß ich, ob ich richtig »zugemacht« habe?*
Es ist leichter zu erklären, wie Sie erkennen können, daß Sie nicht richtig »zugemacht« haben! Wenn Sie ständig Eindrücke »empfangen« oder Geister sehen oder hören, dann erlauben Sie sich, allzu offen zu sein. Beim Schließen können Sie spüren, wie sich Ihre Aura zusammenzieht. Man hat das Gefühl, auf die Erde herabzukommen, voll und ganz in der physischen Welt verankert zu sein. Vielleicht meinen Sie, daß Ihre Führer das Schließen für Sie erledigen sollten – schließlich sind sie ja da, um Sie zu beschützen. Sie werden tun, was sie können, aber dies obliegt in erster Linie Ihrer Verantwortung. Manche sagen: »Ich kann die geistige Welt nicht davon abhalten, sich mir aufzudrängen.« Aber Sie können ihr Einhalt gebieten, wenn Sie es nur wollen. Sagen Sie den Geistern einfach, sie sollen verschwinden! Sie sind nicht nur ein passives Instrument. Sie müssen Ihre Medialität jederzeit unter Kontrolle haben.

*Anscheinend komme ich in der Entwicklungsgruppe nicht vorwärts – mache ich etwas falsch?*
Wahrscheinlich nicht. Alle Medien, mit denen ich gesprochen habe, sagten, daß die Entwicklung stoßweise verläuft. Sie scheinen gut voranzukommen, dann erreichen Sie eine Phase, in der Ihr Fortschritt zum Stillstand kommt. Vielleicht haben Sie den Eindruck, als würden Sie sich rückwärts bewegen. Wenn Sie eine dieser Phasen erreicht haben, geben Sie die Hoffnung nicht auf. Betrachten Sie es als eine Zeit, in der Sie das bisher Gelernte verarbeiten können. Früher oder später werden Sie, wenn Sie Geduld aufbringen, einen weiteren Sprung vorwärts machen.

Sollten Sie nach ein paar Monaten in der Entwicklungsgruppe das Gefühl haben, daß Sie wirklich überhaupt nicht weiterkommen, sind Sie vielleicht einfach nicht dafür geschaffen, ein Medium zu sein. Das hat nichts mit Unzulänglichkeit Ihrerseits zu tun. Möglicherweise besitzen Sie eine andere latente Gabe, wie zum Beispiel Heilen oder öffentliches Reden. Diese Gaben stellen einen genauso wertvollen Weg dar, um Ihre Verbindung mit der geistigen Welt zu nutzen. Wenn Sie durch den Wunsch zu dienen motiviert sind, werden Ihre Geisthelfer Sie dabei führen, damit Sie das tun, wofür Sie am besten geeignet sind.

*Woran erkenne ich den Unterschied zwischen Geistkommunikation und meiner eigenen Phantasie?*
Diese Frage taucht häufiger auf als jede andere. Es ist ein Problem, mit dem alle Medien, besonders in den Anfangsstadien, zu kämpfen haben. Man kann den Unterschied einzig und allein durch Ausprobieren lernen. »Verbreiten« Sie das, was Sie empfangen, und Sie werden herausfinden, was akzeptiert wird und was nicht. Im Laufe der Zeit wird Ihnen auffallen, daß die Mitteilungen aus der geistigen Welt von größerer Klarheit sind als die Worte und Bilder, die aus Ihrem Unterbewußtsein nach oben steigen. Vermeiden sie es, in Zeiten zu arbeiten, in denen Sie müde sind oder unter Belastung stehen, weil diese Zustände Ihre Wahrnehmung trüben. Außerdem sollten Sie es vermeiden, sich bis zum äußersten anzustrengen, um eine bestimmte Information oder die Antwort auf eine bestimmte Frage zu erhalten. Wenn sie nicht aus der geistigen Welt kommt, wird Ihre Phantasie darauf losstürmen, um die Lücke zu füllen, und das verursacht große Verwirrung.

*Wie kann ich eine deutlichere Kommunikation bekommen?*
Die grundlegende Antwort darauf lautet: durch Übung und harte Arbeit, wodurch Ihr Geist immer feiner eingestellt wird. Eileen Roberts hat mir jedoch bei einer ihrer Veranstaltungen die folgende Übung empfohlen, die ich sehr hilfreich finde.

## Übung zur besseren Kommunikation

- Wenn Sie spüren, daß ein Kommunikator versucht, Kontakt zu Ihnen aufzunehmen, bitten Sie ihn, in ihre Aura zu kommen, sozusagen in Ihren Schuhen zu stehen, so daß Sie denselben mentalen Raum einnehmen. Konzentrieren Sie sich auf ihn, bis Sie fühlen, daß Sie fast diese Person werden. Schließen Sie die Augen, wenn es Ihrer Konzentration dient – kümmern Sie sich nicht um den Konsultanten! Lassen Sie die Emotionen, Wörter und Bilder durch sich hindurchfließen, als wären es Ihre eigenen.

Auch wenn diese Übung simpel zu sein scheint, ist sie sehr wirkungsvoll. Viele Medien haben mir gesagt, daß sie mittlerweile auf diese Weise arbeiten. Es hat den Anschein, als würde die geistige Welt diesen Übergang zu einer tiefgründigeren Ebene des Kontaktes in die Wege leiten. Dieser Kontakt ist sehr deutlich und präzise und macht den ganzen Unterschied aus zwischen der *Frage*, ob das Empfangene zutreffend ist, und dem *Wissen*, daß es der Fall ist, weil die Einstimmung so genau ist.

*Soll ich alles Empfangene weitergeben,*
*auch wenn es schlechte Nachrichten sind?*
Es ist immer schwierig zu entscheiden, ob man eine Botschaft, von der man weiß, daß der Konsultant so etwas nicht hören will, weitergeben soll oder nicht. Manchmal möchte ein Kommunikator vor einem künftigen Ereignis warnen, und in einem solchen Fall müssen Sie Ihre Besonnenheit walten lassen in bezug darauf, wie Sie die Warnung übermitteln. Sagen Sie etwas lieber nicht, wenn es den Konsultanten mit Sorge erfüllen wird. Beispielsweise würde ich niemals einen Tod vorhersagen, selbst wenn man mir eine solche Information durchgeben würde, was sehr selten vorkommt. Wenn Sie mit dem Herzen bei der Sache sind, werden Sie Führung dabei erhalten, was Sie sagen und was Sie auslassen können. Stellen Sie sich einfach vor, wie Sie sich fühlen würden, wenn Sie der Empfänger der Botschaft wären!

## In der Öffentlichkeit arbeiten

*Woher weiß ich, wann ich bereit dazu bin, in der Öffentlichkeit zu arbeiten?*
Ihr Gruppenleiter wird Ihnen helfen, oder Sie werden eine starke Eingebung von Ihren Führern empfangen. Der Schritt von einer kleinen, privaten Entwicklungsgruppe zu einem öffentlichen Podium in einer Kirche oder bei einem spiritistischen Treffen ist eine beängstigende Erfahrung. Einige Kirchen bieten Abende an, die als »offenes Forum« oder »Anfängerabende« bezeichnet werden. Dies ist eine Zwischenstation, bei der diejenigen, die eine Zeitlang eine Entwicklungsgruppe besucht haben, ihre Medialität vor einem verständnisvollen Publikum praktizieren können. Dies ist zwar immer noch nervenaufreibend, aber dennoch besser, als ins kalte Wasser geworfen zu werden. Ein Medium erzählte mir, wie sie anfing: »Derjenige, der den Gottesdienst halten sollte, kam nicht, und ich wurde zum Ersatz auserkoren. Ich war so nervös, daß mir die Knie schlotterten. Doch kaum hatte ich mich erhoben, lief es wie am Schnürchen, und seitdem habe ich nicht mehr zurückgeblickt.«

Ich habe von so vielen Medien ähnliche Geschichten gehört, daß ich glaube, dies ist die Lieblingsmethode der geistigen Welt, um Menschen in Bewegung zu setzen, besonders jene schüchternen Seelen, die sich niemals in den Vordergrund drängen würden. Seien Sie also gewarnt – es könnte auch Ihnen passieren!

*Sich auf den Weg machen*
Wenn Sie gerade erst anfangen, an die Öffentlichkeit zu treten, sollte dies zunächst am besten in einem kleinen Rahmen geschehen. Wie sehr Sie auch vom Eifer beflügelt sein mögen, um die Botschaft zu verbreiten, buchen Sie nicht gleich die Albert Hall! Wenn Sie einer spiritistischen Kirche angehören, fangen Sie dort an, oder suchen Sie sich eine kleine, freundlich gesinnte Kirche, der Sie Ihre Dienste anbieten können und wo Sie für den Anfang vielleicht das Podium mit einem erfahreneren Medium

teilen, das Sie unterstützen kann, wenn Sie in Schwierigkeiten oder aus dem Konzept geraten.

Die Arbeit in der Öffentlichkeit, auf einem Podium stellt die größte Herausforderung dar, der ein Medium gegenüberstehen kann. Sie ist leichter in einer spiritistischen Kirche zu bewältigen, in der Sie hauptsächlich Predigten vor Konvertierten halten und Gebrauch von der psychischen Energie machen können, die sich dort angesammelt hat. Öffentliche Veranstaltungen in Hörsälen und Kongreßhallen sind viel schwieriger. Medien wie etwa Doris Collins, Stephen O'Brien und die verstorbene Doris Stokes haben viel dazu beigetragen, den Menschen, die nicht einmal im Traum daran gedacht hätten, eine Kirche, sei es eine spiritistische oder eine andere, zu betreten, das Wissen um das Leben nach dem Tod nahezubringen, aber nicht viele Medien haben ihr Selbstvertrauen und ihre Zähigkeit.

Vielleicht ziehen Sie es vor, mit Ihrer Arbeit bei sich zu Hause zu beginnen und dort private Sitzungen zu geben. Das ist weniger aufreibend insofern, als Sie sich nicht erheben und vor Fremden sprechen müssen, aber es bringt andere Probleme mit sich. Es gilt den ganz praktischen Aspekt zu berücksichtigen, besonders wenn Sie eine alleinstehende Frau sind, daß Sie sich sehr genau überlegen müssen, wo Sie annoncieren und wen Sie in Ihr Haus einladen.

Bevor Sie anfangen, müssen Sie sowohl sich selbst als auch den Raum, in dem Sie arbeiten werden, vorbereiten. Ideal ist, wenn Sie ein Zimmer in Ihrem Haus nur für Sitzungen reservieren können. Falls das aus Platzgründen nicht möglich ist, wählen Sie einen Raum, der normalerweise ruhig und friedlich ist. Halten Sie ihn sauber und ordentlich und frei von allzu vielen Möbelstücken. Mehr als ein paar bequeme Stühle und vielleicht einen Tisch brauchen Sie nicht. Frische Blumen und spirituelle Bilder tragen dazu bei, die richtige Atmosphäre zu schaffen. Wenn alles so aussieht, wie Sie es wünschen, weihen Sie den Raum dem Dienst an Gott und der geistigen Welt, und bitten Sie darum, daß jeder, der ihn betritt, das seinen Bedürfnissen Entsprechende erhalten wird. Bitten Sie ferner Ihre Führer, einen Schutzgürtel um den Raum zu legen. Wie sorgfältig Sie Ihre Konsultanten auch auf Herz und Nieren prüfen mögen, Sie können nicht mit Bestimmtheit sagen, welche Art von Geistern sie mitbringen werden! Solange Sie in Licht und Liebe arbeiten, wird es unerwünschten Kräften nicht erlaubt sein, sich aufzudrängen.

Meditieren und beten Sie jeden Tag in Ihrem Raum. Nach einer Weile werden Sie spüren, wie die Atmosphäre mit psychischer Energie aufgeladen wird. Diese Energie wird alle Ihre Konsultanten berühren, selbst wenn Sie sich dessen nicht bewußt sind, so daß sie sich, wenn sie wieder gehen, durch die Präsenz des Geistigen und durch die Hilfe, die Sie ihnen während der Sitzung vielleicht haben zuteil werden lassen, gestärkt fühlen.

Nehmen Sie sich vor dem Eintreffen eines Konsultanten ein wenig Zeit, um ruhig in dem Raum zu sitzen und sich auf die geistige Welt und die psychischen Zentren einzustimmen. Manchmal erscheinen die Geistfreunde und -verwandten des Konsultanten vor ihm, so daß Sie dann schon eine mentale Verbindung mit ihnen herstellen können. Versuchen Sie, jegliche Ablenkung aus Ihrem Bewußtsein zu vertreiben und ruhig und aufnahmefähig zu sein.

Einige Konsultanten können sehr fordernd sein und kommen bewaffnet mit einer Reihe von Fragen oder dem verzweifelten Wunsch, Kontakt zu einer bestimmten Person herzustellen, die Sie möglicherweise nicht erreichen können. Lassen Sie sich nicht unter Druck setzen. Jede Sitzung sollte als Experiment betrachtet werden. Es liegt in Ihrer Verantwortung, ehrlich zu arbeiten und für jeden, der zu Ihnen kommt, Ihr Bestes zu geben, aber der Konsultant hat ebenfalls die Verantwortung, an jede Sitzung mit einer wohlwollenden, aufgeschlossenen Haltung heranzugehen und zu akzeptieren, daß Sie ihm nur das weitergeben können, was Sie zu empfangen imstande sind.

Selbst erfahrene Medien halten manchmal Sitzungen ab, in denen nichts passiert. In einer solchen Situation kann man nur ehrlich sein und zugeben, daß man nichts empfängt, und den Konsultanten bitten, sich zu einem anderen Zeitpunkt wieder einzufinden, oder ihm ein anderes Medium empfehlen. Es kann ja sein, daß Sie aufgrund von Müdigkeit oder Krankheit einfach nur einen »schlechten« Tag haben, oder vielleicht erlauben Sie

Ihren Nerven, sich in den Weg zu stellen. Aber es muß nicht unbedingt Ihr Verschulden sein. Ein Konsultant mit einer skeptischen oder negativen Einstellung kann eine geistige Sperre errichten. Übermäßige Emotionen seinerseits können ebenfalls eine Barriere bilden. Jemand, der erschöpft ist, kann Ihre Vitalität aufzehren, so daß Ihnen die für die Arbeit notwendige psychische Energie fehlt. Seien Sie nicht allzu entmutigt. Sie können nicht immer den Sieg davontragen!

*Den Raum reinigen*
Wenn der Konsultant wieder gegangen ist, sollten Sie den Raum psychisch reinigen, um alles Negative aus der Atmosphäre zu entfernen. Dies ist ungefähr so, als würden Sie das Fenster öffnen, um den Geruch einer Zigarette oder eines Parfüms loszuwerden, den Gäste vielleicht zurückgelassen haben.

- Stellen Sie sich in die Mitte des Raums, und senden Sie ein Gebet aus für den Konsultanten und für diejenigen in der geistigen Welt, die mit ihm gekommen sind. Schließen Sie sich psychisch. Dann stellen Sie sich ein weißes Licht vor, das von Ihrem Scheitelzentrum herabfließt und sich ausbreitet, um den ganzen Raum auszufüllen.

## Die Belohnungen der Medialität

Eines der Dinge, die Sie sehr schnell über diese Arbeit herausfinden werden, ist, daß sie Sie mehr über die Menschen in dieser Welt lehrt als über diejenigen im Jenseits. Ich bin einigen reizenden Menschen begegnet und habe einige wundervolle Freunde gefunden, aber ich bin auch auf meinen Anteil an seltsamen Käuzen und Konsultanten gestoßen, die nicht die blasseste Ahnung davon hatten, was ein Medium tun soll. Eine junge Frau schob jeden Versuch zur Seite, über ihre Großeltern zu sprechen, die ich bei ihr spüren konnte.

»Aus denen mache ich mir nichts, sie sind tot. Ich will wissen, was mit mir passieren wird!«

Es ist zwecklos, solche Menschen darauf hinzuweisen, daß ein Medium kein Wahrsager ist. Sie sind gekommen, damit man ihnen wahrsagt, und alles, was mit der geistigen Welt zu tun hat, ist ihnen völlig unwichtig!

Eine andere Frau kam zu mir mit einem Lottoschein in der Hand. »Ich brauche Geld, um meine Schulden zu begleichen«, teilte sie mir mit, »wenn Sie mir also einfach sagen könnten, welche Zahlen ich eintragen soll ...«

Sie war enttäuscht, als ich entgegnete: »Wenn ich das könnte, würde ich hier nicht sitzen und mit Ihnen reden. Dann wäre ich auf einer Jacht auf den Bahamas!«

Aber vielleicht ist das nicht so schlimm wie die Erfahrung eines Freundes von mir, dessen Konsultantin verzweifelt Kontakt zu ihrem verstorbenen Ehemann herstellen wollte. Da sie – irrtümlicherweise – meinte, daß es dem Medium helfen würde, einen Gegenstand, der ihrem Mann gehört hatte, mitzubringen, war sie mit seinen falschen Zähnen gekommen!

Ich habe nun viel über die mit der Medialität verbundenen Schwierigkeiten gesagt, aber welches sind die Belohnungen? Sie sind groß und überwiegen bei weitem die Probleme und Enttäuschungen. Ich würde mit keiner anderen Arbeit tauschen wollen. Sie bringt so manche Träne mit sich, aber auch Liebe und Lachen, und es gibt keine andere Lebensweise, die ich so befriedigend und lohnend finden würde.

Stephen O'Brien, Großbritanniens berühmtestes Medium, sagte: »Die Befriedigung der Seele ist die Belohnung des Mediums – zu spüren, daß man jemandem geholfen hat, ein wenig Trost zu finden, ein kleines Licht in der Dunkelheit seiner Niedergeschlagenheit oder Trauer. Es ist ein enormes Gefühl der Freude, daß man in der Lage gewesen ist, in den Seelen, die gekommen sind, um die Medialität mitzuerleben, neue Hoffnung für den morgigen Tag und neue Kraft, um mit dem großen Abenteuer des Lebens weiterzumachen, zu entfachen.«

Es gibt einen wichtigen Punkt, den ich anführen möchte, und zwar, daß man sich nicht von seiner Medialität trennen kann. Die Art von Mensch, die Sie sind, bestimmt die Art von Medialität, die Sie bewirken werden. Ein oberflächlicher und unaufrichtiger Mensch wird nur oberflächliche »Botschaften« hervorbringen. Wenn Sie nach innen gehen und sowohl Ihre spirituellen als auch Ihre medialen Qualitäten kultivieren, wird das, was Sie geben können, von einer tiefgründigeren Ebene herrühren.

Heutzutage werden immer mehr Forderungen an Medien gestellt. Der Beweis für das Überleben nach dem Tod ist noch immer nötig und wird es immer sein, um die Menschen, die gerade einen Trauerfall erlitten haben, zu trösten und um jene, die nach Beweisen suchen, zu überzeugen, aber das ist nicht länger ausreichend. Aufgrund der allgemeinen Zunahme an medialem Bewußtsein in der Bevölkerung müssen Medien ausreichende Kenntnisse haben, um in der Lage zu sein, diejenigen zu führen, die verwirrt sind oder ängstigende Erfahrungen machen, und ihnen zu zeigen, wie sie ihre medialen Fähigkeiten in der besten Weise nutzen können.

Vielleicht wird einmal der Tag kommen, an dem jeder selbst den Kontakt zur geistigen Welt aufnehmen kann und Medien überflüssig werden, aber ich werde wirklich froh darüber sein. Für mich liegt darin der Zweck der Medialität; zu lehren, wie man selbst mit der geistigen Welt kommunizieren kann, und darüber hinaus, wie man den eigenen Geist in seinem Inneren findet, um ein glücklicheres und erfüllteres Leben zu führen.

Im letzten Kapitel dieses Buches möchte ich mich einem Aspekt der Medialität zuwenden, den ich bisher nicht erwähnt habe. Die Trance ist ein ungewöhnliches Phänomen und erfordert viel Hingabe, aber sie stellt vielleicht die höchste Form der Medialität dar.

# 11. Trance

Viele Menschen glauben, daß es für Medien eine Selbstverständlichkeit ist, in Trance zu fallen. Das mag vor fünfzig oder hundert Jahren der Fall gewesen sein, aber heutzutage trifft das nicht mehr zu. Trance-Medien sind eine Seltenheit, und diejenigen, die auf diese Weise arbeiten, demonstrieren ihre Begabung oft nur ungern in der Öffentlichkeit.

Es sieht sehr einfach aus, in Trance zu fallen. Theoretisch betrachtet, muß die Person lediglich dasitzen und einschlafen, während ihr Führer »durchkommt« und die ganze Arbeit für sie erledigt. Wenn es wirklich so einfach wäre, wäre ich die ganze Zeit über im Trance-Zustand! Tatsächlich erfordert es viel Training und Selbstdisziplin, um sich auf diese Weise mit der geistigen Welt zu verbinden. Und nicht jedes Medium besitzt die Fähigkeit dazu. Aber ob Sie nun Ambitionen in dieser Richtung hegen oder nicht, es lohnt sich, sich näher mit diesem Phänomen zu beschäftigen, weil es ein sehr interessantes Licht auf die Wirkungsweise der Kommunikation wirft.

Das Schlimme bei der Trance ist, daß sie, sofern sie nicht gut ausgeführt wird, lächerlich aussehen und sich lächerlich anhören kann. Ich erinnere mich an eine Demonstration, der ich vor vielen Jahren bei einem spiritistischen Treffen beiwohnte. Das Medium, eine rundliche Frau vom Typ Madame Arcati, war so etwas wie eine Berühmtheit. Bestimmt hatte sie eine treue Anhängerschaft. Sie saß in der Mitte einer verdunkelten Bühne, die Augen fest geschlossen, ihre Hände umfaßten die Armlehnen des Stuhls. Die gespannten und erwartungsvollen Zuschauer saßen in respektvollem Schweigen da. Wir mußten lange warten, bis sie anfing, sich zu krümmen, als hätte sie Schmerzen. Eine Reihe von Stöhnlauten entfuhr ihren Lippen. Ich dachte, sie würde gleich einen Anfall bekommen, aber sonst schien niemand besonders beunruhigt zu sein. Das wäre immer so, vertraute mir der Mann neben mir im Flüsterton an, wenn ihr Führer, Großer Häuptling Sitting Bull oder wie auch immer er hieß, durchkäme. Ein paar Augenblicke später stand sie auf, die Augen waren weiterhin geschlossen. Majestätisch hob sie ihre Hand empor und stieß einen ohrenbetäubenden Laut aus: »How!«

Der darauffolgende Vortrag verdankte sehr wenig der Inspiration und sehr viel der Phantasie. Da ihr Gerede mit Ausdrücken wie »weißer Mann spricht mit gespaltener Zunge« gespickt war, kann ich nur vermuten, daß sie sich zu viele Westernfilme angesehen hat. Ich weiß nicht, was für einen Eindruck sie auf die übrigen Zuschauer machte. Ich war hin- und hergerissen zwischen dem Wunsch, voller Abscheu zu gehen, und dem kaum unterdrückbaren Drang zu lachen.

Aber ich habe auch andere Medien wie zum Beispiel Ivy Northage und Ursula Roberts erlebt, die einer völlig anderen Kategorie angehören und hoch geachtet werden. Sie geben sich nicht solch einer lächerlichen Theatralik hin, und wenn ihre Geistlehrer durch sie sprechen, haben die Zuhörer das echte und ergreifende Gefühl, in direktem Kontakt mit einer höheren Lebensdimension zu stehen.

## Wie wird man ein Trance-Medium?

Warum entwickeln manche Menschen diese Befähigung, während andere absolut nicht dazu in der Lage sind, sosehr sie sich auch anstrengen mögen? Es scheint von der medialen Konstitution des einzelnen abzuhängen. Damit der Führer die Kontrolle übernehmen kann, muß sich der Ätherkörper des Mediums leicht vom physischen Körper zurückziehen. Manche Medien haben einen sogenannten losen Ätherkörper, der sich ohne weiteres vom physischen Körper trennen kann. Das Medium ist dann wirklich eingeschlafen und weiß nichts davon, was durch ihn oder sie gesagt wird. Es kann Jahre der geduldigen Ausbildung erfordern, bis man diesen Trance-Zustand erreicht. Er ist, wie ich bereits erwähnte, selten, und die meisten Medien arbeiten niemals auf diese Weise, auch wenn sie oft in eine leichte Trance sinken, in der sie sich jedoch weiterhin bewußt sind, was vor sich geht. Es kann sehr beängstigend sein, wenn man ganz plötzlich in tiefe Trance fällt, wie Mary Absolum feststellte.

Mary, die heute am College of Psychic Studies in London tätig ist, war in den Zwanzigern, als sie aufgrund einer Verknüpfung bedrückender Umstände versuchte, Selbstmord zu begehen. Etwa fünf Jahre danach – in der Zwischenheit war es ihr gelungen, sich ihr Leben wieder aufzubauen – wurde sie eingeladen, einer Entwicklungsgruppe beizutreten. Sie sagte mit einigem Widerstreben zu, weil sie sich nicht besonders für den Spiritismus interessierte, aber da sie andererseits wirklich Vergnügen daran fand, den Gruppentreffen beizuwohnen, machte sie weiter. Eines Abends dachte sie, sie sei eingeschlafen, und war überrascht, als man ihr sagte, sie sei im Trance-Zustand gewesen.

> Ich war entsetzt! Ich war davon überzeugt, daß ich besessen war. Ich saß jede Nacht aufrecht im Bett und ließ die Lampen brennen, weil ich Angst hatte einzuschlafen. Niemand in der Gruppe konnte mich beruhigen. »Mach dir deswegen keine Sorgen«, sagten alle, aber ich *machte* mir Sorgen. Etwas geschah mit mir, was ich nicht kontrollieren konnte. Ich hatte Angst, daß es zu unpassenden Zeiten passieren könnte, zum Beispiel bei der Arbeit oder wenn ich im Bus saß.

Glücklicherweise kam so etwas nie vor, aber lange Zeit behielt sie ihre Ängste für sich, bis ein Freund, dem sie sich anvertraute und der sich gut auf diesem Gebiet auskannte, es in die Hand nahm, ihr eine richtige Ausbildung angedeihen zu lassen, die sich als lang und schwierig erwies. Erst nach etwa zwei Jahren fühlte sie sich fähig, Trance-Sitzungen zu geben.

Mary hält es für bezeichnend, daß ihre Fähigkeit sich einige Zeit nach ihrem Selbstmordversuch zu zeigen begann. »Ich glaube, daß die Krisis die Verbindung zu meinen unbewußten Kräften freisetzte. Sie löste die Veränderung in meinen Gehirnmustern aus, durch die mein enger Kontakt mit der geistigen Welt ermöglicht wurde.«

Einige Trance-Medien können ihre Gabe auf ihre Kindheit zurückführen. Clive Daniels, ein wohlbekanntes Medium, der seit vielen Jahren auf diesem Gebiet tätig ist, sagte: »Als kleiner Junge brach ich oft mit Ohnmachtsanfällen zusammen. Während ich bewußtlos war, plapperte ich in einer unbekannten Sprache. Meine Stiefmutter war natürlich beunruhigt, aber als sie den Arzt hinzuzog, sagte er nur: ›Das wird sich mit der Zeit legen.‹«

Clive war ein sensitives Kind und sah und beschrieb oft Geistmenschen, was seine Stiefmutter in große Bestürzung versetzte; sie ermahnte ihn, nicht albern zu sein. Er sah auch regelmäßig einen Asiaten, den er später als seinen Führer, Woo Wang, wiedererkennen sollte. Einige Jahre später erfuhr er, daß seine leibliche Mutter, die jung gestorben war, ein Medium gewesen war. Mit fünfzehn Jahren schloß er sich einer Entwicklungsgruppe an.

> Ich wußte, daß Woo Wang neben mir stand. Als er sprach, konnte ich die Worte hören, die aus meinem Mund kamen. Ich war wie versteinert und schwor, daß ich so etwas nicht noch einmal zulassen würde, und es geschah auch nie wieder. Danach übernahm er mich immer vollständig, was ich viel angenehmer fand.

Vielleicht taucht an dieser Stelle die Frage auf, warum Führer, die doch vermeintlich solche liebevollen Wesen sind, ihre Medien diesen unangenehmen Erfahrungen aussetzen. Die Antwort darauf könnte lauten, daß sie wirklich nur auf diese Weise den ersten Kontakt herstellen können und daß die Angst nur dadurch hervorgerufen wird, daß dem Medium das nötige Wissen oder das Verständnis fehlt. Clive ist der Meinung, daß es in seinem Fall ein Weg war, um seine Schüchternheit zu überwinden, und daß er, wenn er nicht so übernommen worden wäre, niemals den Mut aufgebracht hätte, in der Öffentlichkeit zu arbeiten.

Wie fühlt es sich an, in Trance zu fallen? Im Grunde genommen ist es dem Einschlafen ähnlich. Immer wieder erzählen Medien, daß es ihnen das erste Mal in der Entwicklungsgruppe passiert ist; sie glaubten, eingeschlafen zu sein, und waren etwas verlegen – dann wurde ihnen gesagt, daß jemand durch sie gesprochen hätte. Manche Medien sehen ein Licht, wenn sie einnicken. Wenige erinnern sich an Träume oder außerkörperliche Erfahrungen in diesem Zustand, auch wenn dies manchmal vorkommen kann. Clive glaubt, daß, während Woo Wang die Leitung innehat, er in der Nähe in seinem Geistkörper steht.

Es wird oft die Frage gestellt, ob die Führer, die mit Trance-Medien oder auch mit anderen Medien arbeiten, als separate Wesenheiten für sich allein existieren oder ob sie Gedankenschöpfungen, abgespaltene Teile der Persönlichkeit des Mediums, sind. Das ist ein Punkt, über den sich die Parapsychologen streiten. Für die Medien selbst besteht kein Zweifel. Ihre Führer sind eindeutig Individuen, mit denen sie durch ein enges Band der Liebe und des Vertrauens verbunden sind. Tatsächlich würde die Partnerschaft nicht funktionieren, wenn zwischen ihnen keine grundlegende Seelenaffinität bestünde.

Die Verbindung kann auf ein vergangenes Leben zurückgehen. Medium und Führer gehören eventuell derselben Seelengruppe an und haben viele irdische Leben zusammen verbracht, aber ob das nun der Fall ist oder nicht, das Medium wird als der geeignetste Kanal für den bestimmten Führer, der mit ihm arbeiten will, sorgfältig ausgewählt. Mary fragte einmal ihren Führer, einen chinesischen Mandarin, warum er sie ausgesucht hätte, und erhielt die nicht gerade schmeichelhafte Antwort: »Du warst ein gesprungenes Gefäß, aber du warst das beste, was ich finden konnte!«

Man erlebt eine dramatische Veränderung mit, wenn man einem Trance-Medium bei der Arbeit zusieht. Das Medium wird tatsächlich zu einer anderen Person. Seine Stimme und seine Intonation verändern sich, und es setzt Gesten und eigenartige Wendungen ein, die sich von seinem gewöhnlichen Verhalten völlig unterscheiden. Ein Hellsichtiger sollte in der Lage sein, den anwesenden Führer zu sehen oder zu spüren.

## Verzerrungen

Es ist nicht allzu schwer, zwischen echter Trance und der selbstverursachten Variante zu unterscheiden, bei der das Medium – wie das von mir am Anfang dieses Kapitels beschriebene – von seiner eigenen Phantasie mitgerissen wird. Im Hinblick auf das letztgenannte erfordert es nur einen geringen Grad an medialem Bewußtsein, um zu erkennen, daß »nichts da« ist und die »Kommunikatoren« lediglich aus dem Unterbewußtsein des Mediums stammen. Nichtssagende Reden voller Gemeinplätze sind ebenso Warnsignale wie Indianer, die »How!« sagen. Es gibt jedoch eine Grauzone, wobei das Medium einen teilweisen Kontakt mit einem Führer hat, aber die Botschaft durch das Bewußtsein des Mediums gefärbt oder verzerrt wird.

Wie gut oder aufrichtig das Medium auch sein mag, genaugenommen liegt immer ein gewisser Grad an Färbung oder Verzerrung vor. Aufgrund der Art und Weise, wie eine Trance funktioniert, ist das nicht auszuschließen. Es ist ein Vorgang, der großes Können und Feingefühl von seiten der Kontrollgeister erfordert. Zunächst muß der Führer veranlassen, daß der Ätherkörper des Mediums teilweise oder vollständig zurücktritt. Dann muß sich das Bewußtsein des Führers mit dem des Mediums verbinden, damit das Medium die vom Führer übermittelten Worte spricht. Weil das Medium nichts davon weiß, könnte man meinen, daß sein Bewußtsein keine Rolle dabei spielt, was gesagt wird, aber das trifft nicht ganz zu. Das Unterbewußtsein ist noch immer der Kanal, durch den die Mitteilung kommt, und es kann sie noch immer bis zu einem gewissen Grad beeinflussen. Je tiefer die Trance, um so geringer ist die Einmischung, aber sie kann niemals vollkommen ausgeschlossen werden.

## Wandel im Mechanismus der Trance

Im Rückblick auf die großen Medien der Vergangenheit wird offensichtlich, daß sich der Mechanismus der Trance im Laufe der Jahre verändert hat. Im neunzehnten Jahrhundert war sie die gebräuchliche Arbeitsweise und scheint von einem tieferen Grad gewesen zu sein, als es heute üblicherweise der Fall ist. Die Führer übernahmen den physischen Körper des Mediums vollständig, manipulierten den Kehlkopf und die Lungen und kontrollierten die Bewegungen des Mediums. Das Medium wurde dadurch stark beansprucht und litt hinterher oft an Erschöpfung. Darüber hinaus war es äußerst gefährlich, denn wurde das Medium in diesem Zustand berührt oder von einem plötzlichen Geräusch aufgeschreckt, endete dieses Herausgerissenwerden in einem schweren Nervenschock. Eines der berühmten frühen Medien, Gladys Osborne Leonard, erstickte einmal beinahe, als der Geist, der sie kontrollierte, zu atmen vergaß!

Es überrascht kaum, daß Medien sich nicht mehr dieser Tortur aussetzen wollten, und das erklärt wahrscheinlich, warum tiefe Trance aus der Mode kam und durch eine in höherem Maße mentale Form der Kontrolle ersetzt wurde. Aber selbst dann besteht noch immer eine gewisse Gefahr. Clive erinnert sich an einen Vorfall, als der Vorsitzende, nachdem er gerade seine Demonstration beendet hatte, ihn am Arm berührte, um ihm zurück zu seinem Stuhl zu helfen: »Es versetzte mir einen derart schrecklichen Schock, daß ich aufschrie. Danach hatte ich zwei Wochen lang am ganzen Arm blaue Flecken.«

Wann immer er heute in der Öffentlichkeit arbeitet, überzeugt er sich davon, daß jemand neben ihm sitzt, der dafür Sorge trägt, daß so etwas nicht noch einmal passiert. Aber viele Medien sind verständlicherweise nicht bereit, das Risiko auf sich zu nehmen, auf diese Weise verletzt zu werden, und sparen sich ihre Arbeit in tiefer Trance für private Sitzungen auf.

## Befürchtungen über die Trance

Neulinge in Entwicklungsgruppen sind von dieser Form der Medialität oft verwirrt. Sie sind der Meinung, daß sie kein richtiges Medium sein können, wenn sie nicht in Trance fallen können, und sind enttäuscht, wenn es nicht eintritt. Sie können auch tief in ihrem Bewußtsein Angst davor haben, besessen zu sein – gegen ihren Willen übernommen zu werden, unfähig zu sein, denjenigen, der durchkommt, oder das, was er sagt, zu kontrollieren. Glücklicherweise ist diese Angst völlig unbegründet. Trance ist nicht dasselbe wie Besessenheit, bei der eine Person von einer böswilligen Wesenheit übernommen wird. Jemand, der gesund und ausgeglichen ist, kann nicht besessen werden. Wenn Sie voller Aufrichtigkeit streben, werden Sie weise und liebevolle Helfer anziehen, die Sie beschützen werden.

Eine andere Befürchtung ist die, daß man vielleicht einschläft und nicht mehr zurückkommt! Das ist wirklich das geringste Problem. Im Anfangsstadium ist es schwierig, den Trance-Zustand länger als ein paar Minuten zu erhalten. Sollte es notwendig sein, wird Ihr Gruppenleiter Sie behutsam zurückrufen, und selbst wenn das nicht geschieht, werden Sie in einen natürlichen Schlaf fallen und ganz normal wieder aufwachen.

Wenn Sie jedoch nicht dieses seltene Phänomen, ein natürliches Trance-Medium, sind, ist es unwahrscheinlich, daß Sie, sobald Sie sich in der Gruppe befinden, in eine tiefe Trance versinken werden. Wenn überhaupt, wird es sich allmählich ereignen, während Sie Ihren Geist immer mehr in Harmonie mit Ihren Führern bringen.

## Stufen der Trance

Man unterscheidet, wie ich bereits angedeutet habe, verschiedene Stufen der Trance. Sie können in eine leichte Trance gleiten, wann immer Sie entspannt sind, vielleicht mit offenen Augen träumen oder Musik hören. In diesem Zustand wird das Bewußtsein still und sind die inneren Sinne weniger gehemmt. In solchen Zeiten ist es leichter, die geistige Welt gewahr zu werden. Hellsichtige Medien befinden sich oft in einem leichten Trance-Zustand, auch wenn sie es vielleicht nicht merken.

Fast jeder, der einer Entwicklungsgruppe angehört, ist mit der Empfindung, die mit der leichten Trance einhergeht, vertraut. Es ist dieser angenehme, traumhafte Zustand, wenn Sie friedlich meditieren. Sie sind voll und ganz bei Bewußtsein, aber alles scheint ein wenig zurückgetreten zu sein. Eine Trance wie diese kann leicht aufgehoben werden. Jemand hustet, oder Ihre Nase juckt, und sofort sind Sie wieder hellwach. Aber sobald Sie sich in einen etwas tieferen Zustand begeben, ändern sich die Empfindungen ein wenig.

In diesem Zustand sind sowohl der Geist als auch der Körper tiefer entspannt. Jegliche Geräusche im Zimmer scheinen von weither zu kommen. Es ist so, als wäre man hypnotisiert. Sie wissen zwar, daß Sie sich bewegen oder die Augen öffnen könnten, aber das wäre viel zu anstrengend. In gewissem Sinne sind Sie hypnotisiert, aber von Ihrem Führer. Was geschieht, ist folgendes: Ihr Führer setzt Ihre Bewußtseinsebene herauf, um Sie mit seinen Schwingungen in Harmonie zu bringen.

Dieser Zustand wird »Kontrollieren« oder »Überschatten« genannt. Mir gefällt das Wort »Kontrollieren« nicht, weil es nicht sehr präzise ist. Der Führer manipuliert Sie nicht, als wären Sie eine Marionette, sondern verbindet seinen Geist mit dem Ihren. Der Begriff »Überschatten« ist zutreffender, weil es sich wie ein Umhang anfühlt, den man mental über Sie wirft.

Manchmal genügt es, wenn Sie sich einfach erlauben, in diesem Zustand zu ruhen und die Kommunikation mit der geistigen Welt zu genießen. Zu anderen Zeiten mögen Sie sich veranlaßt fühlen zu sprechen. Dieses sogenannte inspirierte Sprechen ist in dem Maße eng mit tiefer Trance verknüpft, wie es die meisten Medien zustande bringen. Damit soll nicht auf irgendwelche Unzulänglichkeiten ihrerseits hingewiesen werden. Es kann so viel sein, wie die geistige Welt von Ihnen verlangt.

## Inspiriertes Sprechen entwickeln

Sie sollten nicht auf eigene Faust versuchen, eine Form der Trance oder das inspirierte Sprechen auszubilden. Ohne eine erfahrene Person, die sich um Sie kümmert, könnten Sie versucht sein, allzu lange in diesem Zustand zu verweilen, da mit ihm eine sehr friedliche Empfindung einhergeht, und dadurch wird

Ihre Vitalität erschöpft. Überdies besteht die geringe Gefahr, daß ein unpassender Kommunikator versucht, Sie zu überschatten. Ich meine keine böswilligen Wesenheiten, da Ihre Reinheit der Absicht und Ihre geistige Gesundheit Sie vor dieser Art Einmischung beschützen wird. Aber es ist möglich, daß Sie eine weniger entwickelte Wesenheit anziehen, die vielleicht nur ungern wieder verschwindet.

Am besten üben Sie in Ihrer Gruppe, wo Ihnen die von den Mitgliedern erzeugte Energie helfen wird. Aber bevor Sie anstreben, diese Begabung zu entwickeln, sollten Sie mit Ihrem Gruppenleiter über Ihr Vorhaben sprechen. Während einer Gruppenmeditation stört es nämlich sehr, wenn ein Mitglied plötzlich anfängt zu sprechen, wie schön oder erleuchtet die Worte auch sein mögen. Wenn der Gruppenleiter seine Einwilligung gibt, vereinbaren Sie eine bestimmte Zeit, vielleicht unmittelbar nach der Meditation, in der Sie versuchen, Ihren Führer durchkommen zu lassen. Falls mehrere Mitglieder daran interessiert sind, kann man Vorkehrungen dafür treffen, die Übung der Reihe nach durchzuführen.

- Sitzen Sie zunächst ruhig da, und lassen Sie Ihren Geist so still wie möglich werden. Bitten Sie Ihren Führer um Schutz, und ersuchen Sie ihn, in Ihre Aura einzutreten. Gehen Sie dazu über, seine Präsenz wiederzuerkennen. Vielleicht bitten Sie ihn darum, Ihnen ein Zeichen zu geben, daß er bei Ihnen ist, beispielsweise ein Wort oder eine Empfindung wie die Berührung Ihrer Haare. Lassen Sie sich Zeit dabei, sich auf seine Schwingung einzustimmen, dann lauschen Sie auf irgendwelche Worte, die Sie in Ihrem Kopf hören. Wiederholen Sie diese Worte laut, dann warten Sie auf die nächsten Worte, und so weiter. Vielleicht fangen Sie sehr stockend an, aber wenn Sie damit fortfahren, werden die Worte schneller kommen, bis sie einfach ohne bewußte Anstrengung aus Ihnen fließen, anstatt gehört und dann wiederholt zu werden.

Während dieses Vorgangs werden Sie noch immer bei Bewußtsein sein, aber die Worte auf eine losgelöste Weise hören, so als würde ein anderer sie sprechen. Woran Sie sich hinterher noch erinnern können, hängt von der Stufe der Trance ab. Durch Übung wird die Trance schrittweise tiefer werden. Im Laufe der Zeit kann sie in eine tiefe Trance übergehen; an diesem Punkt werden Sie nicht mehr bei Bewußtsein sein und hinterher keine Erinnerung an das haben, was durch Sie gesagt wurde.

Medien, die diese Begabung entwickeln, werden oft von Selbstzweifeln geplagt. Sie wollen sich selbst und andere nicht täuschen, indem sie behaupten, daß alles, was sie sagen, von der geistigen Welt inspiriert ist, wenn sie sich voll und ganz bewußt sind, daß einige der Worte und Ideen von ihrem eigenen Bewußtsein ausgehen. »Wie kann ich mich selbst zurücknehmen«, wollen sie wissen, »damit es die geistige Welt ist, die spricht, und nicht ich?«

Das allzulange Verweilen bei dieser Schwierigkeit hat eine hemmende Wirkung und kann Sie daran hindern, überhaupt etwas durchzulassen! Sie müssen erkennen, daß das Überschatten ein Verbinden von einem Bewußtsein mit einem anderen ist. Die Führer werden sich nicht nur Ihr existierendes Wissen zunutze machen, sondern auch darauf aufbauen. Sie können am besten dadurch helfen, daß Sie so viel wie möglich lesen und studieren, um ihnen ein sehr umfangreiches Wissen zur Verfügung zu stellen, auf das sie sich beziehen können, aber versuchen Sie zu vermeiden, feststehende Vorstellungen oder starke Vorurteile über irgendein Thema zu bilden. Je intensiver Sie sich auf Ihre Führer einstimmen, um so stärker werden sie in der Lage sein, Ihren Geist zu durchdringen, bis sie Informationen mitteilen können, die Ihr Wissen übersteigen.

Ein Problem, das beim inspirierten Sprechen häufig auftaucht, ist, die ersten Wörter herauszubekommen. Selbst wenn Sie sie im Geist hören können, unterbricht der bloße Akt des Mundöffnens die feine Verbindung. Dieses Problem kann am besten überwunden werden, indem man die Dinge selbst in Bewegung bringt und als erstes einige einleitende Worte sagt. Es muß nichts Tiefschürfendes sein : »Guten Abend!« ist immer ein vielversprechender Anfang. »Viele Grüße!« wird genügen, wenn es sein muß, aber besser nicht »How!« Dann fahren Sie mit dem fort, was Ihnen eingegeben wird. Sobald Sie ein paar Sätze gesprochen haben, wird Ihr Führer immer stärker übernehmen können, wenn Sie jedoch nicht auf diese Weise den Stein ins Rollen bringen, werden Sie wahrscheinlich schweigend dasitzen, immer angespannter werden, und es wird überhaupt nichts geschehen! Sobald Sie sich daran gewöhnt haben, sich in dieser Weise mit Ihrem Führer zu verbinden, wird es leichter werden.

Sie sollten nicht unbedingt erwarten, daß sich Ihre Stimme stark verändert. Führer, aus welchem Herkunftsland auch immer (und es besteht kein Grund, warum Sie einer exotischen Rasse angehören sollten), sind durchaus imstande, Ihre Sprache zu beherrschen. Vielleicht sprechen Sie mit einem Akzent, aber dann hauptsächlich deswegen, um sich auszuweisen und Ihre Sprechweise von der des Mediums zu unterscheiden. Vielleicht gebrauchen sie Gesten und eigenartige Wendungen, die das Medium normalerweise nicht verwendet, aber es sind immer noch die Stimmbänder des Mediums, die benutzt werden. Wenn Sie also eine Frau sind, glauben Sie nicht, daß plötzlich eine tiefe Baßstimme aus Ihrem Mund ertönen wird!

Es wäre gut, wenn jemand Ihr inspiriertes Sprechen aufnimmt, so daß Sie es sich später anhören können. Dadurch wird es Ihnen möglich sein, die Qualität dessen, was durchkommt, zu beurteilen. Dabei sollten Sie sich mehrere Fragen stellen. Enthält es Material, das Ihnen unbekannt ist oder das Sie nicht so gut hätten ausdrücken können? Kein wahrer Führer wird in einer Weise sprechen, die Ihre Würde oder Intelligenz beleidigt. Vor allem sollten Sie sich fragen, ob es mit Liebe und vielleicht einem Hauch von freundlichem Humor mitgeteilt wurde. Wenn das der Fall ist, besitzen Sie eine kostbare Begabung, die kultiviert werden sollte.

Keine Lehre oder Information, die auf diese Weise durchgegeben wird, sollte man als unfehlbar betrachten. Abgesehen von möglichen Verzerrungen durch das Bewußtsein des Mediums, die immer berücksichtigt werden müssen, sind Führer und Geistlehrer dennoch Individuen mit eigenen Glaubensüberzeugungen und Meinungen. Sie stimmen nicht in jedem Punkt überein. Aber sie besitzen ein größeres Wissen als wir, und was vielleicht noch wichtiger ist, sie bringen sehr viel Liebe aus den höheren Dimensionen mit, die in das Medium hineingegossen wird und durch seine Vermittlung die Herzen der Zuhörer berühren kann.

## Vom inspirierten Sprechen zur tiefen Trance

Obwohl einigen Medien die Weiterentwicklung vom inspirierten Sprechen zur Trance gelingt, finden andere es wiederum unmöglich, diesen letzten Schritt zu tun. Dafür gibt es mehrere Gründe. Möglicherweise erachten Ihre Führer es als nicht notwendig, daß Sie auf diese Weise arbeiten. Gewisse Befürchtungen auf einer unbewußten Ebene könnten Sie zurückhalten. Ober vielleicht liegt es einfach daran, daß die äußeren Bedingungen, unter denen sie es versuchen, nicht stimmen.

Sie müssen einer Entwicklungsgruppe angehören, in der Sie sich wohl fühlen und die von einem Medium geleitet wird, das in der Trance-Arbeit erfahren ist. Es muß vollkommene Ruhe herrschen. Sie werden sich nicht entspannen können, wenn Sie befürchten müssen, durch plötzlichen Lärm wie Telefonklingeln in die Realität zurückgerissen zu werden. Der Raum muß nicht unbedingt dunkel, sollte aber schwach erleuchtet sein.

Die Gruppe sollte sich der Trance-Entwicklung verschrieben haben. Hellsichtigkeit sollte nicht erlaubt sein, da sie die psychische Energie aufbrauchen würde. Alle Gruppenmitglieder sollten sich einverstanden erklären, daß sie ihre Aufmerksamkeit auf die Person beziehungsweise die Personen richten, die versuchen, in Trance zu fallen. Dies erfordert Pflichtgefühl und Selbstlosigkeit, und in Anbetracht der menschlichen Natur überrascht es nicht, daß solche Gruppen schwer zu finden sind.

Man sollte an die Trance auf dieselbe Weise herangehen, wie es für das inspirierte Sprechen gilt: Man bittet um Schutz, ersucht den Führer, in die Aura einzutreten, dann setzt man die Dinge in Bewegung, indem man die Worte spricht, die einem eingegeben werden. Wenn Sie, nachdem Sie dies einige Monate lang unter den beschriebenen Bedingungen versucht haben, noch immer keinen Erfolg verzeichnen können, sollten Sie sich mit der Tatsache abfinden, daß tiefe Trance nichts für Sie ist oder Sie noch nicht bereit dazu sind. Ihre Führer wissen, was am besten ist, und Sie sollten ihrem Urteil vertrauen.

Im Trance-Zustand oder beim inspirierten Sprechen werden überwiegend Lehren aus der geistigen Welt durchgegeben, entweder in kleinen Gruppen oder bei Gottesdiensten in spiritistischen Kirchen. Ich persönlich praktiziere keine tiefe Trance, aber ich stelle häufig fest, daß ich überschattet werde, während ich private Sitzungen gebe. Dieses Überschatten geht tendenziell nicht von den geliebten Menschen der Konsultanten in der geistigen Welt aus, die sich wahrscheinlich nicht ausreichend auf mein Bewußtsein einstimmen können, damit ihnen die Kommunikation auf diese Weise ermöglicht wird. Es rührt gewöhnlich von meinen Führern her oder den Führern des Konsultanten. Ich betrachte es als eine sehr wertvolle Form der Medialität, weil es mir in hohem Grade ermöglicht, mein Bewußtsein beiseitezulegen, so daß die Worte der Hilfe oder des Rates durchgegeben werden können. Ich bin bei vollem Bewußtsein, aber die Worte scheinen durch mich zu fließen, anstatt daß sie von meinem Geist kommen, und ich weiß, daß die Weisheit, die die Führer mitbringen, über mein eigenes Vermögen hinausgeht.

## Zunahme an Channeling

Nach Jahren der Vernachlässigung wird die Trance heutzutage wieder einmal populär. Auch ein weiteres, neues Phänomen gewinnt an Beliebtheit: Channeling, das seinen Ursprung in Amerika hat, hat hier in Europa schnell Anklang gefunden. Auch wenn es für den flüchtigen Beobachter Ähnlichkeit mit der Trance-Medialität hat, unterscheidet sich der zugrundeliegende Ansatz in vielerlei Hinsicht.

Kurz gesagt, Channeling kann beschrieben werden als die Kunst, Lehren oder Informationen von anderen Bewußtseinsebenen durchzubringen. Man kann es kaum präziser ausdrükken. Ein Channeling-Medium mag mit einem Verstorbenen oder einem Geistführer kommunizieren. In diesem Sinne sind alle Medien Channeling-Medien. Aber während Medien traditionell ihre Rolle darin sehen, zu versuchen, den Beweis für ein Leben nach dem Tod zu erbringen, vertreten Channeling-Medien eine großzügigere Auffassung. Die Quelle des Materials, das sie durchgeben, kann genausogut ihr eigenes höheres Selbst sein.

## Wie man channelt

Channeling zieht jene an, die sich nicht unbedingt für den Kontakt mit geliebten Menschen in der geistigen Welt interessieren, sondern vielmehr ihren Geist der höheren Dimension erschließen wollen, um ihr spirituelles Bewußtsein und Wissen zu entfalten. Es ist eine Kunst, die sich die meisten Menschen aneignen können. Versuchen Sie es mit der folgenden Übung.

- Wie bei der Trance und dem inspirierten Sprechen sitzen Sie mit Ihrer Gruppe oder einer in Geistkommunikation erfahrenen Person zusammen. Sprechen Sie ein Gebet mit der Bitte um Schutz. Richten Sie Ihre Aufmerksamkeit auf das Scheitelzentrum oben auf Ihrem Kopf. Stellen Sie es sich bildlich als einen sich entfaltenden Lotos vor. Stellen Sie sich ein Licht vor, das von oberhalb Ihres Kopfes auf Sie und durch alle Chakren herabfließt und jede Pore Ihres Seins erfüllt.
  Atmen Sie tiefer. Bei jedem Atemzug ziehen Sie mehr Licht ein. Bei jedem Ausatmen dehnen Sie Ihre Aura aus. Breiten Sie sie weit nach oben in das spirituelle Universum hinein aus. Wenn Sie sich so weit nach oben ausgedehnt haben, wie Sie können, halten Sie Ihren Geist still und seien Sie empfänglich für alles, was auch immer zu Ihnen kommt. Es kann Ihr Führer sein, der kommt, um durch Sie zu sprechen, es kann aber auch ein höherer Teil Ihres Wesens sein. Lassen Sie die Worte fließen, ohne sich Gedanken über die Quelle zu machen.
  Wenn Sie sich bereit dazu fühlen zurückzukommen, schließen Sie sich mit Hilfe der bereits erläuterten Übung, die nach jeder Form der medialen Arbeit angewendet werden sollte.

Channeling kann großen Nutzen bringen. Als eine Methode, sich mit der höheren Dimension zu verbinden, ist sie Menschen zugänglich, die vielleicht nicht die Fähigkeit oder Neigung dazu haben, gemäß der traditionellen Medialität zu arbeiten. Es birgt jedoch auch Gefahren. Bei der Trance-Medialität dient das Medium als Instrument für einen bestimmten Führer, der wiedererkannt und identifiziert werden kann. Da Channeling sehr viel offener ist, ist es für das Unterbewußtsein ein Leichtes, zu übernehmen. Daher müssen Sie sehr kritisch sein bei der Beurteilung sowohl Ihrer eigenen Arbeit als auch der anderer Channeling-Medien. Gebrauchen Sie Ihre Intuition und Ihren gesunden Menschenverstand, um alles von sich zu weisen, womit Sie sich nicht wohl fühlen oder was unwahr klingt.

Beim Channeling wie auch bei allen anderen Formen der Medialität ist die Aufrichtigkeit der Absicht überaus wichtig. Gleiches zieht Gleiches an. Suchen Sie das Licht, und Sie werden Licht bekommen. Geben Sie in Liebe, und Sie werden Liebe empfangen. Die geistige Welt wacht mit großer Zärtlichkeit und großer Anteilnahme über unsere Welt. Viele liebevolle Wesen arbeiten daran, die Menschen vorwärts in den Frieden zu führen. Es liegt in der Verantwortung eines jeden, der sich der höheren Dimension bewußt ist, mit ihnen zu kooperieren, ein Instrument zu sein, durch die sie alle, die in Bedrängnis sind, erreichen können, um zu lehren und zu heilen.

Als ich vor kurzem den Gottesdienst in einer kleinen spiritistischen Kirche in Surrey hielt, blickte ich beim Singen eines Kirchenliedes kurz hoch und sah die Geistform meines Vaters, der in der vorderen Reihe saß. Es war nur ein flüchtiger Eindruck, aber er trieb mir Tränen der Rührung in die Augen. Meine Gedanken gingen zurück zu dem Tag vor über zwanzig Jahren, als ich seiner Beerdigung beiwohnte. Es war sein Tod gewesen, der mich veranlaßt hatte, mich auf den weiten Weg zu machen, um ein Medium zu werden. Und da war er, unterstützte und ermutigte mich, so wie er es zu Lebzeiten auf Erden und auch danach getan hatte, seit er diese höhere und schönere Welt betreten hatte.

Ich hoffe, dieses Buch hilft Ihnen zu erkennen, daß der kontinuierliche Kontakt mit geliebten Menschen uns allen zugänglich ist. Die geistige Welt ist nur einen kleinen Schritt entfernt. Errichten Sie Ihre eigene Regenbogenbrücke zu denen, die Sie lieben. Gehen Sie in Liebe voran, und beleuchten Sie anderen den Weg.

# Nützliche Adressen

*College of Psychic Studies, 16 Queensberry Place, London SW 7 2EB.* Vorträge, Seminare, Workshops, Kurse über geistiges Heilen, Medialität und Meditation, Beratungen bei Sensitiven.

*Crystal Herbs, Waveney Lodge, Hoxne, Suffolk IP21 4AS.* Lieferant von Blüten-, Edelsteinen- und Kristallessenzen.

*Greater World Christian Spiritualist Association, 3–5 Conway Street, London W1P 5HA.* Entwicklungs- und Bewußtseinsgruppen, Workshops, Vorträge, Demonstrationen von Hellsehen, Gottesdienst, geistiges Heilen, Studiengruppen und Seminare mit Übernachtungsmöglichkeiten an verschiedenen Tagungsorten außerhalb von London (siehe auch Seite 186).

*Institute of Spiritualist Mediums, Tara, Southend Arterial Road, Gidea Park, Romford, Essex RM2 6PL.* Vorträge und Veranstaltungen in London und an anderen Orten für Medien und alle an diesem Thema Interessierten. Entwicklungsgruppen bekommen Hilfe und Ratschläge.

*International Spiritualist Federation, c/o Redwoods, Stansted Hall, Stansted, Mountfitchet, Essex CM24 8UD.* Veranstaltet Kongresse, um Spiritisten aus aller Welt zusammenzubringen.

*The Lynwood Fellowship, Royes Ridge, Plough Hill, Caistor, Lincoln, LN7 6UR.* Seminare mit Übernachtungsgelegenheit an verschiedenen Standorten mit leitenden Tutoren, Forschern und Medien.

*The Noah's Ark Society for Physical Mediumship, Tree Tops, Hall Road, Cromer, Norfolk NR27 9JQ.* Seminare, Rundschreiben;

Gruppen, die versuchen, die physikalische Form der Medialität zu entwickeln, wird Rat erteilt.

*PRISM (Psychical Research Involving Selected Mediums), 195 Greenbank Road, Darlington, Co. Durham DL3 6EY.* Unabhängige Organisation, die Medialität erforscht.

*Psychic News, Clock Cottage, Stansted Hall, Stansted, Essex CM24 8UD.* Wöchentlich erscheinendes spiritistisches Magazin.

*Psychic Research Foundation, 210 Penn Road, Wolverhampton WV4 4AA.* Ausbildung und Kurse zur Selbstentwicklung, Exkursionen und Wochenenden mit speziellen Themen.

*Rodney Peacock, 60 Downside Road, Sutton, Surrey SM2 5HP.* Seminare mit und ohne Übernachtungsgelegenheit an verschiedenen Standorten über spirituelle Entwicklung und andere verwandte Themen.

*Runnings Park, Croft Bank, West Malvern, Worcs WR14 4DU.* Kurse, eintägig und mit Übernachtungsgelegenheit, Vorträge über Channeling, geistiges Heilen und Selbstentwicklung. Schule für Channeling und Schule für geistiges Heilen.

*Spiritualist Association of Great Britain, 33 Belgrave Square, London SW1X 8QB.* Vorträge, Workshops, Demonstrationen von Hellsehen, geistiges Heilen, private Sitzungen, Kurse in Medialität und geistiges Heilen.

*Spiritualists National Union, The Arthur Findlay College, Stansted Hall, Stansted, Essex CM24 8UD.* Kurse mit Übernachtungsgelegenheit über alle Aspekte von Medialität, geistigem Heilen und verwandte Themen mit leitenden Tutoren und Medien.

*White Eagle Lodge, New Lands, Brewells Lane, Rake, Liss, Hampshire GU33 7HY* und auch *9 St Mary Abbots Place, Kensington, London W8 6LS.* Gottesdienste, Meditation, geistiges Heilen,

Kurse über damit verbundene Themen. Kurse mit Übernachtungsgelegenheit und Retreats in New Lands.

**Außerhalb von Großbritannien**

*American Federation of Spiritualist Churches Inc., 145 Herring Pond Road, Buzzards Bay, MA 02532, USA.*

*Centre of Spiritualist Studies, PO Box 12234, Centrahil, 6006 Port Elizabeth, R. South Africa.*

*Greater World Christian Spiritualist Association, 3–5 Conway Street, London W1P 5HA, UK.* Die Association hat angeschlossene Kirchen in Großbritannien, Nordirland, Channel Islands, Australien, Kanada, Nigeria und Südafrika.

*National Spiritualist's Association Churches, c/o Rev. S. L. Snowman, PO Box 217, Lily Dale, New York 14752, USA.*

*Spiritualist Alliance (Auckland) Inc., PO Box 9477, 120 Carlton Gore Road, Newmarket, Auckland 1, New Zealand.*

*IMMED e. V. (Interessengemeinschaft medial begabter Menschen in Deutschland e. V.), Trenthorster Str. 5, D-23858 Barnitz, Tel.: 04533–791455, Fax: 04533–791456; E-Mail: heiko.popinga@t-online.de.* Beratung, Arbeitskreis, Schulung, Hellsehen, Hellfühlen, Hellhören, geistiges Heilen, Channeling, mediales Musizieren, mediales Malen.

# Bibliographie und Literaturempfehlungen

Ian Curry, *You Cannot Die* (1995, Element Books), deutsch: *Niemand stirbt für alle Zeit* (München: Goldmann, 1993).

Betty J. Eadie, *Embraced by the Light* (1994, Aquarian), deutsch: *Licht am Ende des Lebens* (München: Droemer Knaur, 1994).

Oliver Fox, *Astral Projection* (1993, Citadel Press).

Alan Gauld, *Mediumship and Survival* (1982, Paladin).

Zoë Hagon, *Channelling* (1989, Prism Press).

Ronald Hearn, *The Little Dutch Boy* (1993, Book Guild).

Soozi Holbeche, *The Power of Your Dreams* (1992, Piatkus).

Elisabeth Kübler-Ross, *On Life After Death* (1991, Celestial Arts, California), deutsch: *Über den Tod und das Leben danach* (Güllesheim: Verlag »Die Silberschnur«, 1996).

Richard Lazarus, *The Case Against Death* (1993, Warner Books).

Robert Monroe, *Journeys Out of the Body* (1990, Souvenir Press), deutsch: *Der Mann mit den zwei Leben: Reisen außerhalb des Körpers* (München: Droemer Knaur, 1986).

Raymond Moody, *Life After Life* (1975, Bantam Books), deutsch: *Leben nach dem Tod* (Reinbek bei Hamburg, Rowohlt Taschenbuch Verlag, 1997).

Dr. Melvin Morse, *Transformed by the Light* (1993, Piatkus), deutsch: *Verwandelt vom Licht. Über die transformierende Wirkung von Nah-Todeserfahrungen* (München: Droemer Knaur, 1994).

Sylvan Muldoon & Hereward Carrington, *The Projection of the Astral Body* (1968, Rider), deutsch: *Die Aussendung des Astralkörpers* (Freiburg im Breisgau: Bauer, esotera-Taschenbuch, 1996).

F. W. H. Myers, *Human Personality and its Survival of Bodily Death* (1992, Pilgrim Books).

Tony Neate, *The Guide Book* (1986, Gateway Books).

Ivy Northage, *Mediumship Made Simple* (1986, Psychic Press).

Stephen O'Brien, *Angels by my Side* (1994, Bantam Books).
Stephen O'Brien, *A Gift of Golden Light* (1995, Bantam Books).
Karlis Osis, *Deathbed Observations by Physicians and Nurses* (1961, Parapsychology Foundation Inc., New York).
Joseph Ostrom, *Understanding Auras* (1993, Aquarian).
Naomi Ozaniec, *The Elements of the Chakras* (1991, Element Books), deutsch: *Die Chakras* (Braunschweig: Aurum, 1994).
Ursula Roberts, *All About Mediumship* (1994, Two Worlds).
D. Scott Rogo, *Life After Death* (1986, Aquarian).
Jane Sherwood, *The Country Beyond* (1969, The C. W. Daniel Co. Ltd), deutsch: *Das jenseitige Land. Die Brücke zu höheren Welten* (Interlaken: Ansata, 1996).
Sir George Trevelyan, *Exploration Into God* (1991, Gateway Books).
Ruth White, *Working With Your Chakras* (1993, Piatkus).
Linda Williamson, *Mediums and Their Work* (1990, Robert Hale).
Linda Williamson, *Mediums and the Afterlife* (1992, Robert Hale).

# Stichwortverzeichnis

Bitte beachten Sie
folgende Seiten: